M. MODESTE (Louis)

EX-SECRÉTAIRE DE MAIRIE

CONSEILLER MUNICIPAL

ET

MAIRE DE MEAUX

DEVANT LES ÉLECTEURS

Prix : 60 centimes

EN VENTE

A MEAUX

CHEZ DESCAVES, LIBRAIRE, PLACE DU MARCHÉ

ET HALLOT, LIBRAIRE, RUE DU GRAND-CERF

M. MODESTE

DEVANT LES ÉLECTEURS

F. AUREAU. — IMPRIMERIE DE LAGNY

M. MODESTE (Louis)

EX-SECRÉTAIRE DE MAIRIE

CONSEILLER MUNICIPAL

ET

MAIRE DE MEAUX

DEVANT LES ÉLECTEURS

Prix : 60 centimes

EN VENTE

A MEAUX

CHEZ DESCAVES, LIBRAIRE, PLACE DU MARCHÉ

ET HALLOT, LIBRAIRE, RUE DU GRAND-CERF

A MA BROCHURE

Je viens de signer ta feuille de route : rien ne te retient plus ; te voilà désormais, libre comme l'air : pars donc, et bonne chance !

Annoncée depuis plus d'une année, tu devras trouver nos concitoyens prêts à te recevoir, les uns avec intérêt, d'autres avec mécontentement, ou défiance, mais tous avec curiosité. Il s'agit, en effet, d'achever l'œuvre de ta sœur aînée qui n'a présenté que l'une des faces de la vie d'un héros dont tu vas compléter l'histoire, en l'offrant à tes lecteurs sous le rapport politique, administratif et financier.

Va donc, chère petite, va vers cet homme qui, lui aussi, doit compter un peu sur toi. Mais surtout, sois plus heureuse, ou plus habile que ta sœur qui nous est revenue sans réponse. Il est probable qu'à cette époque, et alors que s'agitaient dans le vaste cerveau du grand homme, les projets dont l'exécution devait un jour faire notre bonheur, le temps lui a manqué pour prendre connaissance de la lettre que nous lui avions adressée, et à laquelle il a oublié de répondre.

Mais aujourd'hui qu'arrivé au but ae ses désirs, il ne lui reste plus qu'à jouir, en toute sécurité, des honneurs obtenus, et des loisirs que nous lui avons faits, il LUI EST LOISIBLE, LOISIBLE EN MÊME TEMPS QU'UTILE, *et même nécessaire, de s'occuper enfin de nous.*

La demande que nous allons lui faire est aussi juste que fondée : il s'agit, pour lui, de nous expliquer son passé et de nous éclairer sur ce qu'il nous réserve dans l'avenir.

Pour ce faire, il lui suffira de prendre cette plume qu'il sait si bien manier, et qui ne lui sert que dans les grandes circonstances. Nul doute qu'avec son secours, il ne réduise ses adversaires au silence, et ne ranime la foi de ceux qui pourraient encore douter de lui.

Dis-lui bien que nous y comptons et que ses chers concitoyens *font comme nous.*

Bonne chance, et tout à toi.

J. FISTON.

Meaux, 15 septembre 1880.

PRÉFACE

Le 12 mai 1879, dans une brochure qui paraît avoir obtenu quelque succès, auprès de nos concitoyens, car son unique but était l'appréciation du dernier ouvrage de M. Modeste, *Résolutions nouvelles,* nous terminions par les lignes suivantes :

« Ici s'arrête la première partie de notre tâche. Nous avons rai-
» sonné M. Modeste comme écrivain; plus tard, nous l'entrepren-
» drons comme conseiller municipal et comme administrateur. A
» ces deux titres, il appartient à la critique légale et à la libre dis-
» cussion. Ecrivain, il peut être jugé par ses pairs; conseiller, il
» reste justiciable de ses électeurs. »

Depuis cette époque, et bien des fois, on nous a demandé pourquoi, faite depuis plus de 15 mois, et si facile à tenir, la promesse n'avait pas encore reçu son accomplissement.

Voici notre réponse :

Lorsque nous nous sommes occupé, pour la première fois, de l'ex-secrétaire de la mairie de Meaux, celui-ci ne nous était guère connu que comme écrivain publiciste, et littérateur médiocre. C'est à ce point de vue que nous nous étions permis de le juger. Mais nos réserves étaient faites : le conseiller municipal, l'administrateur surtout devait avoir son tour.

Nommé depuis six mois, s'il n'avait pas encore fait toutes ses preuves, il laissait pressentir qu'il ne tarderait pas à les faire. Dès lors, il était sage d'ajourner, et, pour livrer à ses électeurs le bilan de sa situation, ou plutôt son dossier administratif, d'attendre qu'ils fussent plus complets et surtout, les élections moins éloignées.

C'est ce que nous avons fait.

D'ailleurs, au commencement de l'année courante, ses prétentions n'étaient déjà plus un mystère pour personne : l'écharpe municipale était l'objet de ses visées ambitieuses. Confessons-le humblement : malgré la connaissance que nous avions de l'homme et de son caractère, nous ne pouvions croire à un pareil attentat. Il était, en effet, difficile de penser que, parti de si bas et n'ayant à son actif que quelques connaissances professionnelles jusqu'alors, et selon nous, fort exagérées, il ferait ainsi litière de ses antécédents pour escalader le pouvoir. Cet homme qui jusqu'alors était resté pour tous une énigme vivante et impénétrable, laissait enfin percer ses intentions : l'obscur subalterne d'autrefois voulait devenir maître, à son tour, et commander enfin là où il avait obéi.

On connaît sa conduite à l'égard de son chef administratif. M. Geoffroy qui, d'un trait de plume eût pu le briser, comme secrétaire, eut le tort de ne pas l'expédier dès le début. Il préféra rester pour lui un ami, plutôt qu'un maître. Sa bonté proverbiale, son cœur loyal et franc ne pouvaient soupçonner la perfidie; et lorsque enfin il sentit les premières morsures de l'ingrat qu'il avait réchauffé dans son sein, il était trop tard pour l'étouffer : la tâche dépassait ses forces. Le valet était devenu maître et, comme le *Tartufe* de Molière, se préparait à lui dire :

Ce logis est à moi : c'est à vous d'en sortir.

C'est en effet ce qui arriva.

Nous ne parlerons que pour mémoire du successeur de M. Geoffroy. Avec la perfide habileté qui le caractérise, l'ex-secrétaire pensa qu'une affaire de cette nature ne devait pas être brusquée ; qu'entre M. Geoffroy démissionnaire, et M. Modeste son successeur immédiat, il y avait un abîme ; que sur cet abîme il était prudent de jeter un pont, ou, en d'autres termes, de laisser pendant quelque temps le pouvoir aux mains d'un autre. Tout bien considéré, il choisit M. Caron, comme l'homme le plus propre à ménager la transition, et à préparer sa place.

A tout prendre, l'honorable notaire était l'homme de la situation ; disons plus, le seul possible, pour le moment. Malheureusement, pas plus que son prédécesseur, il ne sut, ni briser sa chaîne, ni même rompre une seule des mailles du réseau dans lequel il se trouva enveloppé, dès le début. Obligé de gouverner sous tutelle et d'accepter, — nous en savons quelque chose, — la responsabilité de mesures qui n'étaient pas les siennes, il subit, pendant une année à peine, cet état anormal. Mais les forces humaines, en administration surtout, ont leurs limites. Au contact de cette éponge mielleuse, mais imprégnée de fiel, de vinaigre et qu'on appelle le pouvoir, la soif, quelque ardente qu'elle soit, ne tarde pas à se calmer. M. Caron en fit l'expérience et, treize mois après, au grand étonnement de tous, et sans avoir éprouvé d'opposition sérieuse de la part du conseil, il demanda de lui nommer un successeur.

Ce successeur ne pouvait être que M. Modeste.

On connaît le vote par lequel sa docile majorité lui a donné la consécration tant désirée, lui désignant pour adjoints, deux hommes parfaitement inconnus sur la scène administrative, et sous ce rapport, sans précédent, sans valeur sérieuse.

Si l'autorité supérieure a ratifié ce déplorable vote, c'est que, dans un État démocratique comme le nôtre, et sous l'empire du suffrage universel, la majorité d'un conseil municipal est censée représenter l'opinion des électeurs : mais ici, n'était pas le cas. Nous ne faisons ici aucune difficulté d'avouer qu'au moment de l'élection, en 1878, il était dans ces conditions. Mais on nous accordera, sans doute, que depuis, et sous l'influence de l'homme néfaste qui tout d'abord s'est constitué son inspirateur et son chef, il s'est si bien déconsidéré, démodé, usé, qu'à l'heure qu'il est, il n'est plus que l'ombre de lui-même et ne représente qu'une très minime partie de l'opinion publique.

M. Louis Modeste a donc reçu l'estampille officielle : l'ancien scribe de MM. de Longperrier, Damoreau, Fournier et Geoffroy s'est assis au fauteuil de ces administrateurs que nous avons tous connus et appréciés, en leur temps. A l'heure qu'il est, l'écharpe municipale s'arrondit sur ses flancs, et y étale majestueusement son gland d'or et ses trois couleurs.

Et pour compléter ce coup de tête du Destin qui, en cette circonstance, a voulu se montrer jusqu'au bout, ironique et cruel, MM. Crassier et Dutreuil ont été nommés adjoints.

Nous n'avons rien à dire de ces deux honorables citoyens. Depuis leur promotion à ce grade inespéré, ils se sont montrés si dociles pour leur seigneur et maître, si effacés par lui, si nuls pour la chose publique qu'il y aurait cruauté à les rendre responsables de toutes les fautes commises depuis leur ascension au pouvoir.

M. Modeste reste donc seul, à nos yeux, gérant responsable et c'est sur lui que nous allons concentrer l'attention de nos concitoyens. Nous avions cru que cette soif de domination qui l'aveugle et le dévore, s'éteindrait au milieu des déboires sans nombre qui ont été son lot, surtout depuis qu'il est maire. Il n'en est rien. Fort de son passé dont il n'a pourtant lieu d'être fier, et appuyé sur des actes qui ont excité la réprobation générale, il se prépare à nous demander aux élections prochaines, le renouvellement de son mandat.

Placé ainsi, par lui-même, sur le terrain de la discussion légale, il donne à ses adversaires le droit de le saisir, de discuter, sur toutes ses faces, l'homme public, le conseiller municipal, l'administrateur, et surtout de lui demander ce qu'il nous réserve dans l'avenir, si nous commettons l'imprudence de le laisser à son poste.

Nous n'avons pas la prétention d'écrire pour la postérité : n'est pas historien qui veut, et d'ailleurs l'eussions-nous, cette ambition, que nous serions bientôt forcé de reconnaître que le sujet n'en vaut pas la peine, et ne peut se prêter à une œuvre sérieuse, ou durable. Si aujourd'hui ce travail peut être de quelque opportunité, et présenter quelque intérêt, l'avenir, bien certainement, lui refusera sa consécration. Le passage de M. Modeste aux affaires ressemblera à ces météores, non prévus par la science (1), et qui, après avoir un moment surpris et même effrayé ceux qui en ont été les témoins, disparaissent sans retour, et ne laissent après eux d'autres traces que le mal qu'ils ont fait.

Nous nous bornerons à prendre dans le passé politique et administratif de l'ex-secrétaire, du conseiller municipal et du maire, ses paroles, ses écrits, ses projets, ses promesses et surtout ses actes, d'opposer les uns aux autres, et de conclure en disant à nos concitoyens : Voilà l'homme!

Pourquoi donc, au moment où cet homme surfait par lui-même et par les siens, va comparaître devant le suffrage universel et dérouler complaisamment l'histoire ou plutôt la glorification de son passé, ne serait-il pas permis à ceux qui se sentent le courage, la force, et surtout l'indépendance nécessaire, de le faire connaître, en démasquant d'avance ses ténébreuses menées, prévenant ainsi toute surprise dans l'esprit des électeurs.

C'est ce que nous allons faire.

Mais, comme préliminaires, il est un point important sur lequel nous croyons utile d'édifier nos concitoyens.

---

(1) Les *bolides*, masses calcinées et pierreuses qu'on suppose tomber de la lune, et qui se perdent dans le sol, lorsqu'ils ne sont pas recueillis au moment de leur chute.

LES POINTS NOIRS

DANS LA VIE SANS TACHE

DE M. LOUIS MODESTE

Dans l'un de ces accès d'orgueilleuse présomption qui semblent être devenus pour lui un état normal. M. L. Modeste a écrit ces lignes (1) :

« Je l'ai dit : j'aime et j'adore les malheureux : le sort de l'huma-
» nité, les intérêts des multitudes ont toujours occupé, tourmenté
» mon intelligence. L'espoir de servir mes concitoyens, m'arme
» d'ardeur, d'enthousiasme. Le jour où j'ai pris la parole, j'ai réussi
» à trouver sur ma route la raison, les saines et droites doctrines,
» la persuasion, l'apaisement des esprits, la force contre les erreurs
» la chaleur au service de la vérité, du droit, de la paix civile. Cette
» passion d'être utile, cette noble soif de faire du bien autour de
» moi, elle est née en moi. Je l'y sens briller et vivre : elle passe
» dans mes paroles et sous ma plume; elle m'entraîne, me soutient,
» me guide... Mon cœur se fond à la seule pensée de jeter quelque
» bonheur autour de moi... Donc j'ai juré et je suis resté fidèle.
» Dans l'un et l'autre temps, la main a tenu ce qu'avait rêvé l'in-
» telligence, ce qu'avaient annoncé les lèvres. A cette heure où ma
» vie va pencher vers son déclin, je puis le dire : la *vie sans taches*
» *elle est faite !* »

---

(1) *Résolutions nouvelles*, — passim.

La vie sans tache de M. Modeste !... Laquelle? probablement sa vie politique, administrative et littéraire, celle qu'a usée, ou plutôt dévorée l'ambition, et qui, renfermée dans les sages limites que sa naissance, et sa position sociale lui faisaient un devoir de ne pas franchir, aurait pu être de quelque utilité à ses concitoyens. Nous ne le croyons ni assez inconscient de lui-même, ni assez téméraire pour oser provoquer la lumière et le blâme sur les actes de sa vie privée. Ce droit, nous ne l'avons pas, et l'eussions-nous que nous refuserions d'en user. Cette orgueilleuse mise en scène de la vie sans tache de M. Modeste nous impose, à nous qui connaissons l'homme, le devoir de rechercher si réellement cette existence est bien à la hauteur où il l'a si solennellement placée, et si, par hasard, il ne serait pas possible d'y découvrir assez de points noirs pour en ternir la blancheur immaculée.

Commençons :

Nous avons dit, il y a quinze mois, que M. Modeste est né à Meaux, ou à Paris. Quelque inexplicable ou étrange qu'ait paru cette assertion, nous sommes obligé de la maintenir encore aujourd'hui puisque, malgré notre insistance pour obtenir de lui les documents propres à nous renseigner sur ce point ténébreux de son histoire, il s'est refusé à toute explication.

Nous sommes donc forcé de nous en tenir aux deux pièces que nous avons entre les mains : son acte de naissance extrait des registres de l'état civil du IIe arrondissement, et qui le fait naître à Paris, le 3 janvier 1818, et son acte de baptême pris sur les registres de la paroisse Saint-Etienne, à Meaux, et qui place son entrée dans le monde, le 22 décembre de la même année, c'est-à-dire un an plus tard.

Il n'entre pas, dans l'économie de notre travail, de reproduire la teneur de ses deux pièces. Ce serait le surcharger inutilement; mais nous les tenons à la disposition de ceux de nos concitoyens qui désireraient en prendre connaissance.

A vrai dire, nous n'attachons pas à ce fait plus d'importance qu'il n'en mérite, car, en définitif, qu'est-ce que cela nous fait, à nous, que M. Modeste soit Parisien ou Meldois? nous ne demandons pas mieux que de le renier; il ne nous fait pas assez d'honneur pour que nous tenions, outre mesure, à le considérer désormais comme un des nôtres. C'est affaire à la *municipalité inintelligente* et *jalouse* d'autrefois de se laver du reproche de l'avoir adopté, dès son bas âge, de lui avoir donné gratis, pendant douze ans, et cela au détriment de l'un de ses véritables enfants (1), la nourriture, le logement, l'instruction; et enfin de l'avoir laissé, dans ses fonctions de secrétaire, prendre assez

(1) Les bourses communales n'étaient, en général, accordées, à cette époque, qu'aux enfants de la ville. Il paraît que, pour M. Modeste, on a rompu avec la tradition. Cette faveur exceptionnelle ne l'a pas rendu plus humain pour les autres, puisqu'il a fait dernièrement rejeter une demande de demi-bourse sollicitée par le fils d'un brave et laborieux ouvrier des pépinières de M. Henriau. Il a donné, comme motif de refus, que l'enfant était étranger à la ville. La maison où il est né se trouve en effet placée à vingt mètres du territoire de Meaux. Si l'acte de naissance de M. Modeste n'a pas été falsifié, la maison où il serait né, à Paris, est distante du territoire de Meaux d'environ 48 kilomètres.

Et cet homme s'est écrié un jour : *J'aime et j'adore les malheureux!*

d'importance pour lui permettre de venir aujourd'hui tout bouleverser dans notre ville, et employer l'instruction qu'elle lui a fait donner à composer des ouvrages destinés à nous insulter tous.

Mais ce que nous tenons à faire ressortir avant tout, c'est l'écart de près d'une année qui existe entre les deux pièces, et sur lequel nous appelons toute l'attention de nos concitoyens. Il résulte en effet de cette différence que le jour où M. Modeste a commencé à jouir de sa pension, il n'avait que cinquante-neuf ans. La loi est formelle : elle en exige soixante, à moins d'infirmités contractées, par le titulaire, dans l'exercice de ses fonctions, et M. Modeste serait-il fondé à invoquer ce dernier cas.

Le conseil a donc été trompé sur son compte, et, jusqu'à restitution d'une année de sa pension, aussi indûment reçue que légèrement accordée, nous persistons à voir une perte sèche de 1,800 francs dans la caisse municipale, et, dans la *Vie sans tache*, un point noir qui ne manque pas d'une certaine importance.

Passons à un second.

Ainsi que nous l'avons dit, M. Modeste a fait toutes ses études au collège de Meaux. Malgré les services qu'il lui a rendus, cet établissement n'a jamais eu le bonheur de se concilier les sympathies, ou même la reconnaissance de son ancien élève. Nous n'avons pas à en rechercher ici les motifs, car une fois lancé sur cette voie, nous irions loin peut-être, et il importe de ne pas nous attarder à ces misères.

Ses études terminées, il se destina à l'enseignement. En sa qualité de membre de l'Université, il avait été admis à contracter l'engagement décennal, au moyen duquel il se trouvait exempté du service militaire. Mais, ainsi que chacun le sait, l'État reprend ses droits sur le dispensé, dans le cas où, ayant amené au tirage un mauvais numéro, il quitte l'instruction publique, avant l'expiration du délai, c'est-à-dire avant trente ans.

Or, M. Modeste se trouvait dans ces deux cas : d'abord le numéro 42 lui était échu et l'on sait que, dans le canton de Meaux, le porteur de ce numéro fait toujours partie du contingent. D'un autre côté, et par suite d'une maladie de larynx, le jeune homme avait été obligé de quitter provisoirement la chaire de cinquième qu'il occupait à Besançon. Muni d'un congé régulier, il revint à Meaux et se soigna. Sa guérison fut l'affaire de quinze mois. Il pouvait reprendre ses fonctions ; mais par suite de circonstances qu'il serait inutile de développer ici, il quitta définitivement l'instruction publique, pour entrer à la mairie de Meaux, en qualité de secrétaire.

Il était alors âgé de vingt-quatre ans, et par conséquent devait encore six années à l'État.

Comment, et en quelle monnaie les a-t-il payées ? Simple question qu'avec quelques autres nous avions l'intention de lui poser, et que nous aurions réglées avec lui, à l'amiable, si au lieu de nous accorder la faveur d'un entretien particulier auquel nous l'avions convié, il n'eût décliné sa propre compétence pour faire appel à celle du procureur de la République. L'honorable magistrat a fait à cette requête du demandeur un accueil équivalent à celui qu'il a reçu, il y a quelques jours, à propos de l'action intentée par lui au sympathique docteur Dufraigne.

Nous nous sommes toujours demandé ce que la justice avait à voir dans cette affaire. Nous ne pouvons en trouver l'explication qu'en supposant qu'à cette époque déjà, M. Modeste voulait se faire la main dans l'art de faire intervenir la justice dans ses petites animosités. En tous cas, cette première tentative n'a pas été heureuse, puisque nous sommes sorti du parquet, aussi peu renseigné qu'auparavant, le plaignant ayant jugé à propos de s'effacer prudemment avant cette entrevue qu'il avait lui-même provoquée.

Prévenons toutefois une objection que l'on pourrait nous faire : Nous avons dit qu'un congé régulier d'un an lui avait été accordé par le ministre. Il est possible que ce congé ait été renouvelé, pour les deux années suivantes 1841-1842. Mais il n'a pu l'être, pendant six années encore, alors surtout qu'il était constaté que, par suite de sa guérison, M. Modeste faisant un excellent secrétaire de mairie, aurait pu continuer à faire un non moins bon professeur. En conséquence, il devait, ou reprendre les fonctions qui le maintenaient en dehors du service militaire, ou se mettre à la disposition du ministre de la guerre pour solder les six années qu'il devait encore à la patrie.

Il n'a fait ni l'un, ni l'autre, et jusqu'à explication catégorique à cet égard, vu surtout la législation qui reste muette à l'endroit de la prescription, nous persistons à penser que, à l'heure qu'il est, et malgré ses soixante et un ans, M. Modeste pourrait être appelé sous les drapeaux, pour y apprendre, comme un simple conscrit, l'exercice à cheval, ou le maniement du chassepot.

On a vu de semblables déceptions. Il y a une vingtaine d'années, dans notre ville, un professeur du collège s'est trouvé dans le même cas. Il n'a évité sa condamnation, en conseil de guerre, qu'en invoquant sa bonne foi, et en réclamant l'indulgence. Mais M. Modeste serait mal venu à se retrancher derrière un semblable précédent, car en sa qualité de moitié de jurisconsulte et de secrétaire de mairie il ne devait pas ignorer les dispositions de la loi.

Nous avons toujours admiré qu'avec les dispositions belliqueuses qui l'animent aujourd'hui, M. Modeste ait manifesté une telle horreur, pour le service militaire. Là surtout, il lui eût été *loisible, loisible en même temps qu'utile*, et même nécessaire de ceindre l'épée, de la laisser battre sur sa cuisse, et d'endosser l'uniforme militaire pour lequel il semble avoir un goût si prononcé.

Quand, avec la suprême impudence qui le caractérise, M. Modeste nous affirme qu'il siège aux côtés du Destin, pour juger et condamner sa patrie, il ignore donc que, pour prononcer ainsi des arrêts, il faut être soi-même irréprochable, et que le Destin surtout ne doit admettre, auprès de lui, que des magistrats qui ne soient pas exposés à descendre de leur siège pour comparaître devant un conseil de guerre, et s'asseoir au banc des accusés.

Autre question, pas plus indiscrète que la précédente, mais qui pourtant réclame une réponse aussi catégorique.

M. Modeste est agrégé de grammaire et comme tel avait, en ce temps, droit à une gratification annuelle de 600 francs, sur les fonds universitaires, faveur accordée, non à l'homme, mais au fonctionnaire, et qui lui est retirée le jour où il quitte l'enseignement. Or, il est de notoriété publique que, longtemps encore, après avoir quitté l'Université, le démissionnaire a continué à recevoir son traitement d'agrégé. Pendant combien d'années ? Nous ne saurions le dire. Lui seul peut nous renseigner, sur ce point délicat de son histoire et, partant, empêcher l'opinion publique de s'égarer.

Il est possible qu'au point de vue de la stricte légalité, un cumul de cette nature puisse se justifier. Mais la simple honnêteté civile !... quelle part lui faire ici ? Que M. Modeste s'explique donc : la chose en vaut la peine. En échange, nous promettons de n'être pas exigeant au sujet des explications fournies, n'ignorant pas qu'à cette époque, — M. Modeste avait vingt-cinq ans, — la *Vie sans tache* n'était pas encore faite, mais seulement en train de se faire.

Puisque nous sommes entré dans cette voie, finissons-en avec ce qui reste des plus gros points noirs, dans la vie sans tache de notre héros, et complétons ce que nous venons de dire par quelques détails sur cette pension malheureuse à laquelle il continue à s'accrocher en désespéré, et qui, depuis qu'il l'a obtenue, a jeté sur le titulaire un discrédit dont il ne se relèvera jamais.

Le conseil municipal qui lui a fait ce cadeau, au détriment de notre caisse, a, selon nous, agi bien légèrement. Sans dénier à une ville le droit de récompenser de vieux serviteurs, il nous faut reconnaître qu'en cette circonstance, il a négligé de s'entourer des précautions les plus élémentaires. Elles s'imposaient d'autant plus impérieusement que, dans l'espèce, on ne devait rien à M. Modeste. Comme homme et comme fonctionnaire, il se trouvait en dehors de toutes les prescriptions légales. Il n'avait pas soixante ans et, Dieu merci ! aucune infirmité qui l'autorisât à anticiper sur son âge. De plus, pendant les trente-six années qu'il avait été secrétaire, son traitement n'avait pas subi un centime de la retenue imposée à tous les fonctionnaires ayant droit à une retraite.

En admettant que la ville de Meaux ait bien voulu lui faire cette gracieuseté, ne devait-elle pas, avant tout, lui poser cette question : Pour vivre, avez-vous besoin du secours que vous nous demandez ?

Ainsi formulée, la question eût été immédiatement résolue. Tous ceux qui connaissaient la situation financière du postulant, et nous, en tête, aurions fait cette réponse : M. Modeste n'a pas besoin de vos 1,800 francs ; gardez-les pour un autre usage, car sous le rapport de l'aisance, il est un des plus favorisés de notre ville :

Et nous l'eussions ainsi prouvé :

Premièrement, il possède un titre de rente de quinze cents francs, sur la *Caisse de retraite pour la vieillesse*. Nous garantissons notre dire, et pour le mettre hors de doute, nous allons préciser les époques et la quotité des quatre versements faits pour obtenir ce brevet.

Il a versé :

1° — le 21 juillet 1876. . . . . fr.	4.000
2° — le 21 octobre 1877.	4.000
3° — le 18 mars 1878.	4.000
4° — le 7 mars 1879.	1.484
Total.	13.484 fr.

Dont l'intérêt à 11 p. 0/0, — capital aliéné, — forme 1,500 francs, chiffre maximun que la Caisse peut servir.

On remarquera que c'est après 1870, qu'a été faite cette opération.

Il paraît que l'*invasion qui a touché l'homme de son aile*, n'a fait que l'effleurer, et a respecté sa caisse, puisque malgré tous les malheurs dont il s'est prétendu l'intéressante victime, il a pu, en moins de trois ans, trouver l'argent nécessaire pour créer ce titre qui est un des fleurons de sa couronne financière, mais qui, heureusement pour lui, n'est pas le seul.

Expliquons-nous.

Nous venons de dire que la Caisse des retraites pour la vieillesse ne peut constituer de titres au-dessus de 1,500 francs. C'est son chiffre maximun, et M. Modeste avait d'autres fonds, en quête de placement. Ainsi, l'on parle d'actions de la Banque de France, qui ne sortent de son portefeuille que deux fois l'an, pour toucher l'intérêt et les magnifiques dividendes que donne à ses actionnaires notre premier établissement financier. On ajoute, — car sous ce rapport, que de racontars ! — que des sommes très importantes, placées en viager sur des Compagnies d'assurances, sérieuses, pourraient lui constituer, non compris la pension que nous lui payons, un revenu fixe et annuel de dix mille francs ! !.....

On voit qu'en sa qualité d'écrivain économiste, M. Modeste a su mettre à profit les enseignements du vieux dicton populaire qui recommande de ne pas placer tous ses œufs dans le même panier ; on peut de plus se convaincre qu'en sa qualité de célibataire, sans famille, presque sans parents, il n'a pas dû se préoccuper beaucoup du bien-être de ceux qu'il laissait après lui.

Pauvre ville qui lui a rendu tant de services, tu avais pourtant droit à un souvenir de sa part !

Nous aimons à croire que M. Modeste ne verra dans les détails qui précèdent aucune intention désobligeante à son endroit. On dit souvent que si pauvreté n'est pas un vice, il vaut mieux cependant faire envie que pitié : nous sommes de cet avis. Si nous cherchons à porter quelque lumière sur la situation financière de notre ancien secrétaire de mairie, aux appointements moyens de 2,800 francs, c'est uniquement pour démontrer que, si pendant les dix dernières années surtout qu'il a exercé, sur notre situation financière, l'influence que chacun sait, par compensation, il a su fort bien diriger ses petites affaires.

En lui demandant de nous renseigner à ce sujet, nous usons d'un droit incontestable. N'est-ce pas nous qui payons, après tout, et n'avons-nous pas le droit de nous enquérir si l'emploi que l'on fait de notre argent est suffisamment justifié, et si, par hasard, ainsi qu'on le dit vulgairement, nous ne faisons pas l'aumône au diable.

Et c'est cet homme qui non seulement a pensé, mais écrit, mais fait imprimer les inqualifiables paroles que voici :

« Chose singulière ! lorsqu'il s'agit de moi, je suis d'une insuffi-
» sance suprême. Dans mes intérêts privés, je suis indifférent,
» inhabile, incertain, hésitant... mais lorsque j'ai en vue les inté-

» rêts généraux et communs, je brille par l'abondance des vues, » la clairvoyance et l'esprit de ressources (1). »

Triple farceur !

Et surtout, lorsque quelques pages plus bas, il nous donne à lire les paroles suivantes :

« Moraliste à mes yeux, comme dans la pure doctrine de l'Église, » la possession est la pierre de scandale contre laquelle butte à » tout moment, non pas seulement la simple honnêteté civile, mais » la perfection religieuse... La parole du Christ : « Donne tes biens » et suis-moi, » me semble par-dessus tout, la vraie parole... For- » tune, succès, m'apparaissent comme inutiles et presque cou- » pables... et c'est ainsi que m'étant un jour trouvé par hasard sur » ces routes enviées de la fortune, j'ai déclaré que je n'en voulais » pas, etc..... »

Ah, monsieur Modeste ! quelle malheureuse idée vous avez eue de refuser ainsi la fortune. Pouvant devenir millionnaire, vous avez préféré rester à notre charge. Que votre désintéressement d'autrefois, hélas, coûte aujourd'hui cher à notre caisse !

En avons-nous fini avec ces points noirs qui, comme autant de mouches importunes, voltigent entre nous et la vie sans tache, et obscurcissent, de temps à autre, la limpidité de son ciel bleu? Oh, non ! il en reste bien encore quelques-uns mais que nous ferons ressortir un peu plus tard. Nous n'avons déjà que trop anticipé et nous avons hâte d'arriver au but que nous nous sommes proposé, c'est-à-dire à l'appréciation, par époques distinctes et bien tranchées, de la vie politique et administrative de notre héros.

Mais pour le faire avec quelque chance de succès, il

(1) *Résolutions nouvelles*, — page 59.

est nécessaire de prendre les choses d'un peu loin et de remonter jusqu'à l'époque où il a commencé à se mettre en évidence.

Nous aurons donc l'honneur de vous présenter M. Modeste, d'abord comme secrétaire de mairie, puis comme conseiller municipal, enfin comme maire de la ville de Meaux.

M. MODÉSTE

SECRÉTAIRE DE LA MAIRIE DE MEAUX

Rajeunissons-nous de trente-trois ans et remontons à 1848.

A cette époque de transformation politique, la fermentation se faisait énergiquement dans tous les esprits : beaucoup de cervelles furent mises à l'envers. Une dynastie, vieille de mille ans, venait de disparaître pour faire place au gouvernement du peuple par lui-même. Nous nous rappelons encore l'immense étonnement des vainqueurs qui, stupéfaits, n'en pouvaient croire leurs yeux et doutaient même de la victoire.

Nous ne savons si, dans sa haute sagesse de trente ans, M. Modeste l'avait prévue. Ce que nous pouvons affirmer, c'est qu'il se mit en devoir, non de profiter des circonstances, mais d'aider au grand mouvement. Démocrate par tempérament, il se sentit sur son terrain : il nous le dit lui-même, et nous pouvons l'en croire.

« Bientôt je me sentis prêt. Projets et résolutions, emploi de la
» vie, aliment pour ma vie, ligne de conduite, actes, mobiles

» m'apparaissaient comme de droites avenues pénétrées jusqu'au » bout d'un coup d'œil...

» Oui, me disais-je, ma voie est marquée, et la voici : je la vois » et je la possède ; servir, grandir, s'élever toujours, c'est le but, la » loi, la devise (1). »

Nous demandons à nos lecteurs pardon de leur remettre encore, sous les yeux, les passages d'un livre qui semble n'avoir été écrit que pour devenir un monument de perpétuelle contradiction, entre les actes et les paroles de son auteur. Nous promettons d'être, à l'avenir, plus sobre de ces citations et nous disons à M. Modeste :

Il y a plusieurs manières de servir son pays : l'occasion se présentait favorable et, pour un homme dévoré, jusque dans la moelle des os, de l'amour de vos semblables, comme vous paraissiez l'être, l'instruction des classes populaires se présentait naturellement à vous, comme moyen d'action. Le suffrage universel nouvellement installé, et remis entre les mains d'illettrés inconscients de la valeur de l'arme qu'on leur confiait, réclamait votre sollicitude et vous indiquait cette voie que vous cherchiez.

Eh bien ! qu'avez-vous fait dans ce sens ? absolument rien. Cette noble, mais obscure mission n'était pas dans vos goûts : il vous fallait des succès plus retentissants, et, pour les obtenir, vous avez demandé à la presse de vous mettre en lumière. *A la lueur de la lampe de travail, derrière le rideau pâle*, vous vous êtes livré à une œuvre de compilation dont le résultat a été l'incubation incomplète et l'éclosion pénible d'ouvra-

(1) *Résolutions nouvelles*, — page 34.

ges étrangers à vos études premières, et qui n'ont servi qu'à nous convaincre que, dans votre étroite sphère d'action, vous saviez unir les connaissances les plus disparates, aux idées les plus discordantes (1).

Montrez-nous donc, dans ce fatras encyclopédique, un seul écrit, conçu dans ce noble but, c'est-à-dire la régénération du peuple par l'instruction, sa rédemption par l'éducation. Et pendant que nous combattions, nous autres, pour y arriver dans la mesure de nos faibles moyens et de nos forces, vous nous regardiez du haut de votre fauteuil de bureaucrate, ou étendu sur les canapés de la mairie, calme, passif, indifférent, lorsque vous n'étiez pas hostile.

Du reste, vous avez eu parfaitement raison, et puisque ces fonctions de secrétaire si largement payées pourtant, mais qui n'étaient pour vous qu'une sinécure, vous ont laissé assez de loisirs pour écrire, en huit ou neuf ans, une douzaine d'ouvrages in 8°, que n'avez-vous conservé jusqu'au bout cette innocente et pardonnable manie ? Aujourd'hui, nous n'aurions pas, sous les yeux, le triste spectacle d'un homme qui, trompé dans son espoir de devenir un jour un écrivain remarquable, s'est, de guerre lasse, lancé dans la politique administrative et nous a coûté cent fois plus cher qu'il ne vaut !

---

(1) Pour s'en convaincre, il suffit de lire, à la dernière page des *Résolutions nouvelles*, où il a pris soin de la consigner, la liste des ouvrages de M. Modeste. Nous y voyons notamment :

Leçons d'économie politique, — 1862.

Taxe du pain, — 1856.

Billets des banque et fausse monnaie, — 1856.

Révision de la législation des céréales, — 1859.

Fabrication des meules à moulin, — 1860.

Cherté des grains, — *Extinction du paupérisme*, — etc... etc...

Et c'est ainsi que, jusqu'en 1870, c'est-à-dire pendant vingt-huit ans, s'est écoulée cette première partie de la vie publique de M. Modeste, époque que nous pouvons appeler la période d'*inaction*.

Le Réveil

Nous sommes en 1871. L'occupation a cessé, pour la zone dans laquelle nous sommes compris, et le dernier Prussien a mis le pied hors du territoire meldois. Rendue à elle-même, notre ville respire, à pleins poumons, l'air bienfaisant de la liberté. Pour quelques-uns, les pertes ont été grandes, et les préoccupations mordantes. Indemne et garanti par sa thébaïde, notre héros se retrouve sur ses pieds absolument intact d'esprit, de corps, de fortune, et, ainsi que nous l'avons dit, plus fort désormais, plus omnipotent et surtout plus ambitieux que jamais.

La machine administrative, un peu rouillée, par treize mois d'inaction, reprend son mouvement régulier, les services rentrent dans les rangs et la situation s'éclaircit. Reste la dette à payer : question de détail ; l'avenir y pourvoira.

Alors une perspective nouvelle commence à se dessiner aux yeux de M. Modeste. Simple secrétaire, il avait jusqu'alors dirigé maire, adjoints, conseil municipal, mais ténébreusement et dans les coulisses. Aujourd'hui, l'invasion en *l'effleurant de son aile*, lui a donné, comme autrefois l'Esprit-Saint aux apôtres, le sentiment de sa force, et dans un moment de féroce enthousiasme pour lui-même et de mépris pour les autres, il s'est écrié : Ces gens-là ne me vont pas à la cheville ; tout au plus sont-ils bons à obéir ; je veux être leur guide et leur maître : je le serai (1) !...

Mais que puis-je faire sans le suffrage universel ? Rien, ou peu de chose. Jusqu'à ce jour j'ai eu le tort de négliger les masses populaires.

Il est temps encore de réparer cet oubli, c'est donc à elles que je vais m'adresser.

Mais, le moyen ?

Il réfléchit un instant : puis tout à coup se frappant le front et, comme Archimède au sortir de sa baignoire, il s'écrie : Ευρέκα, j'ai trouvé !

C'est que ce violent amour pour l'enseignement des masses populaires venait de faire éruption. Pendant plus de trente années, il était resté à l'état latent, dans l'esprit du chercheur, et il venait enfin de se faire jour. Dès lors, la voie était largement ouverte, le joint trouvé, et, avec cette ténacité qui est le propre de son caractère, il s'est mis à l'œuvre.

Bientôt, en effet, se sont élevées, sur plusieurs points de la cité, des fondations dues à sa seule initiative et portant son cachet. Nous en avons parlé : nos lecteurs les connaissent. Créations incomplètes et éphémères, parce que les collaborateurs du *Maître* édifiés, mais trop tard, sur ses desseins, et ses tendances, se sont refusés à le suivre dans l'accomplissement des unes, et que les autres ont disparu sous l'injonction de l'autorité supérieure qui, pouvant les laisser s'éteindre d'elles-mêmes, a eu le tort de donner à

(1) *Résolutions nouvelles*, — traduction libre, — passim.

leur auteur l'occasion de poser en victime et de s'adjuger les honneurs du martyre (1).

Battu, mais non rebuté, et toujours fidèle à ses plans, il s'est alors livré à la politique. Rempli de confiance en sa valeur personnelle, plein de sa douteuse influence, ne pouvant plus aspirer au rôle de grand-maître de l'Université, dans Meaux, il s'est fait Grand-Électeur, et s'est mis à patronner les candidatures de son choix.

Il a marché l'égal des personnages les plus considérables ; a soutenu la candidature d'un député qu'il a fait échouer ; a combattu celle d'un autre qui a été nommé ; s'est mêlé de tout, à tatillonné partout, et finalement a porté malheur à tout ce qu'il touchait.

Dégoûté enfin de cette existence ingrate et laborieuse, il a fait savoir, un jour, et par la voie de la presse locale, que succombant sous les fatigues de la vie administrative???, il se préparait à entrer en thébaïde et à prendre sa retraite. Mais, ainsi que nous l'avons vu, prudent comme toujours, et avisé sur ses propres intérêts, il s'était, six mois auparavant, fait voter, en raison de ses *services exceptionnels*, une pension de 1,800 francs que tous les contribuables, petits et grands, riches ou pauvres, seront forcés de lui payer, tant qu'il lui plaira de vivre.

---

(1) Voir au *Journal de Seine-et-Marne*, l'oraison funèbre prononcée par M. Modeste, sur la tombe de M. Pierre, trésorier de la caisse d'épargne.

Il y accuse le gouvernement d'abus de pouvoir. La vérité est que l'autorité préfectorale avait invité M. Modeste à se conformer aux prescriptions de la loi et que, dans l'impossibilité où il était de le faire, il lui a fallu fermer ses cours clandestins.

A ces conditions, il a consenti à rentrer dans la vie privée, et à se choisir un successeur.

Puis le secours obtenu, à la stupéfaction générale, cet homme, soi-disant ruiné par le travail, et porté sur le budget, au nombre des assistés de la commune, s'est replongé dans la vie politique, plus âpre et plus ardent que jamais. On a pu voir alors l'ancien scribe, visant aux premières dignités de sa ville natale et demander au suffrage de ses concitoyens l'un des vingt-trois fauteuils municipaux.

Jetons un voile sur les menées ténébreuses qui ont assuré son élection : elle est aujourd'hui un fait accompli et nous nous reprocherions le temps perdu à rappeler ces misères.

Alors, et enfin, s'est expliqué le problème jusqu'alors insoluble de ses tendresses antérieures pour le suffrage universel. Il prévoyait qu'un jour il aurait beaucoup à lui demander, et qu'il était prudent de préparer les voies d'avance ; que le moyen le plus sûr était de faire, ou de paraître faire beaucoup pour lui. Donnant, donnant : l'événement a justifié ses prévisions ; une fois de plus le suffrage universel a été roulé, et lui a donné ce qu'il demandait (1).

Arrivé au but de ses désirs, l'ancien scribe s'est cru tout permis. Il avait jusqu'alors, et sans sortir des coulisses, dirigé maire, adjoints, conseillers munici-

(1) Comme circonstance atténuante, et à la décharge de nos concitoyens, nous devons dire que M. Modeste n'est arrivé, au premier tour de scrutin, que l'avant-dernier sur la liste : 986 voix sur 2,500 électeurs inscrits ! Le suffrage universel semblait pressentir l'homme et ses actes.

paux. Aujourd'hui, personnage important, posé en scène et visant à la première place, il tranche dans le vif. Malgré son tempérament hautain et froid, on l'a vu caressant les uns après les autres tous ceux qu'il croyait utiles à ses desseins, les enrégimenter sous sa bannière, en composer une phalange qui ne verra plus que par ses yeux et, chose étrange, s'imaginera faire preuve d'indépendance, lorsqu'elle n'exécutera que la volonté de son seigneur et maître.

C'est ainsi qu'il a semé là division dans le Conseil, ne laissant entrer dans les commissions que ses adhérents, ou les amis de ses amis. Les hommes les plus compétents ont été évincés, parce qu'ils étaient ses adversaires politiques, ou combattaient ses tendances absorbantes. Grâce à lui, les séances du conseil ont souvent ressemblé à des assemblées tumultueuses; les questions personnelles, ont remplacé la discussion des affaires de la commune et le plus clair de ses séances. Jamais homme n'a plus occupé l'autorité supérieure de son ambitieuse et cassante personnalité. Forcée déjà d'intervenir dans son élection irrégulière et douteuse, elle a dû, plus d'une fois, dans les réunions officielles, mettre un frein à son zèle intempestif, à ses maladroites insinuations pour le rappeler poliment aux convenances les plus élémentaires.

Encore quelques mots et nous aurons réglé cette triste époque de notre administration, où l'on a vu un des hommes les plus honorables de notre ville, qu'il administrait depuis 20 ans, comme maire ou adjoint, entièrement dévoué à la chose publique, utile à tous, aimé de tous, poussé à bout par son ancien et obscur subalterne, obligé, de guerre lasse, à quitter le terrain pour le céder à un successeur qui ne l'occupera que treize mois.

Et c'est ainsi qu'a passé sous nos yeux cette période de janvier 1878, époque de l'arrivée de M. Modeste au conseil, jusqu'à la démission définitive de M. Geoffroy. Les jours qui s'écouleront depuis la nomination de son successeur, jusqu'à celle de M. Modeste ne seront ni moins agités, ni plus propices aux intérêts communaux. Le nouveau maire continuera d'endosser la responsabilité de mesures auxquelles, la plupart du temps, il aura été étranger ; son initiative sera complètement annihilée jusqu'au jour où, dégoûté lui-même d'un rôle qui ne convenait point à ses goûts et répugnait à sa dignité personnelle, il laissera l'écharpe municipale entre les mains de l'homme qui la convoitait depuis 20 ans.

M. LOUIS MODESTE

MAIRE DE MEAUX

Lorsqu'une maison de commerce change de main, le premier soin des nouveaux gérants est d'établir et de régler la situation, vis-à-vis de la clientelle, et surtout de tenir les engagements pris précédemment.

Est-ce là ce qu'a fait M. Modeste et la majorité qui l'a porté au pouvoir? Nullement! Il arrivait au conseil avec un programme tout fait et auquel il se proposait de tout sacrifier. Que lui importait celui de ses prédécesseurs! il avait bien d'autres préoccupations : désormais tout ce qui ne relèvera pas de son initiative, sera désormais écarté et mis au rebut.

Un exemple parmi plusieurs autres.

Dans la séance du 9 novembre 1878, le conseil municipal dont ne faisait pas encore partie M. Modeste, frappé de l'insuffisance du cimetière, et désirant en proportionner l'étendue aux exigences actuelles, décida, après enquête préalable, que l'agrandissement aurait lieu *dans le plus bref délai*. On avait jeté les yeux sur les terrains contigus, comme remplissant les meilleures conditions d'économie, de convenance et d'appropriation. Le maire fut chargé de s'entendre avec les propriétaires des terrains à acquérir.

La décision avait été prise à l'unanimité. C'est qu'en effet, jamais mesure ne fut plus motivée, plus opportune et d'une nécessité mieux reconnue. Dès lors on pouvait supposer que les formalités à remplir, et les premiers travaux à exécuter seraient tout au plus l'affaire d'une année.

Mais on avait compté sans une influence qui depuis longtemps déjà *cherchait sa voie* et supposait qu'une question de cimetière n'était pas précisément faite pour lui aider à la trouver. M. Louis Modeste, puisqu'il faut l'appeler par son nom, opéra tant et si bien que l'exécution du vote fut d'abord ajournée, puis prit peu à peu le chemin des cartons de la mairie où on l'enferma, un beau jour, lui conseillant de sommeiller provisoirement, en attendant son enterrement définitif.

Mais il fallait au moins remplacer par quelque chose d'apparent le projet évincé : car enfin, les morts se pressent dans l'enceinte funèbre (1), les familles réclament et les demandes de concessions se multi-

(1) Pour faire place aux nouveaux venus, on en est réduit à ouvrir les fosses fermées, il y a sept ans. Cette manière d'agir peut-être conforme aux règlements généraux adoptés pour les sepultures, dans les grands centres de population ; mais dans une petite ville comme la nôtre, c'est une profanation. Nous avons été dernièrement témoin d'une scène horrible. On creusait une fosse pour une inhumation qui allait avoir lieu ; un cercueil était au fond, en bois de chêne et à peu près intact. Il fallut le briser à coups de pioche et faire sortir de la fosse le cadavre qu'il renfermait, pour y placer le nouveau venu..... Et ces scènes se renouvellent souvent!

plient. Jugeant qu'il ne pouvait escamoter ainsi une affaire de cette gravité, et jongler avec l'opinion publique, il jeta les yeux sur un terrain situé, la-bas, sur la route de Vareddes, de l'autre côté du chemin de fer et qui, comme le cimetière actuel, est atteint également, par les eaux dans sa partie basse. Il jugea l'emplacement convenable et la situation propice.

Et la majorité s'inclina respectueusement sous l'injonction du maître. Un commencement d'enquête fut ordonné, des offres faites, pour la forme, aux propriétaires des terrains, et ce fut tout.

Depuis un an, silence absolu autour de la question. Nous en trouvons la preuve dans le manifeste fameux adressé dernièrement par la municipalité, à *ses chers concitoyens*. Le programme du maître reste muet sur la question du nouveau cimetière, d'où nous pouvons conclure qu'il a subi le sort de son prédécesseur, et qu'il reste comme lui définitivement enterré.

Nous pourrons un jour, si les circonstances l'exigent, démontrer tout ce qu'a de défectueux ce dernier projet éclos dans l'imagination d'un homme qui n'a de l'administrateur que les apparences, comme du littérateur que le vernis.

Et voilà le respect de M. Modeste pour les vœux de l'administration qui l'a précédé! Suivons maintenant ses actes, pas à pas, et par ordre chronologique; nous en verrons bien d'autres.

Les Compagnies d'assurances, et M. Modeste

La halle était achevée. Ainsi que tous les édifices communaux, elle devait être assurée contre l'incendie. Les représentants des diverses compagnies d'assurance, excepté celle du *Phénix*, furent appelées à faire connaître les conditions : la préférence fut donné à l'*Abeille*. Mais, nous devons ajouter que, sur les observations de M. Modeste, les offres de la compagnie la *France* avaient été préalablement écartées, sous le grotesque considérant que l'agent principal de la dite compagnie s'étant occupé d'élections, il était urgent de prévenir les sociétés d'assurances qu'elles eussent à s'opposer à la transformation de leurs représentants en agents électoraux, et afin que, dans l'avenir, la leçon portât ses fruits, un paragraphe spécial le mentionna au procès-verbal de la séance.

Une telle atteinte portée à la liberté de conscience, en matière électorale, ne pouvait rester sans flétrissure. Une protestation fut adressée au préfet qui enjoignit au conseil municipal d'avoir à rayer du registre des délibérations le malencontreux passage.

La leçon était sévère, mais méritée, car le conseil en mêlant la politique aux affaires communales était sorti de ses attributions, et ouvrait la porte à des abus dont on ne pouvait prévoir ni le nombre ni la gravité.

Autre déconvenue :

M. Modeste et le Conseil d'administration des Hospices

Tandis que l'autorité préfectorale administrait sur la joue de M. Modeste, conseiller débutant, le soufflet ci-dessus, le conseil d'administration de l'hospice lui infligeait une leçon non moins méritée. Nous voulons parler du legs Grandjasse fait à l'établissement hospitalier, dans des conditions dont nous n'avons pas à nous occuper ici.

Le legs était avantageux à l'hospice, le Conseil municipal consulté avait émis un vote favorable à son acceptation, et là, se bornaient son rôle, et l'exercice de ses attributions. Mais il était écrit que M. Modeste viendrait encore papillonner dans cette affaire.

Il trouva moyen de glisser dans le procès-verbal qu'il avait rédigé, quelques insinuations aussi malveillantes pour l'établissement hospitalier que pour le généreux donateur.

Justement froissée, la commission des hospices réclama ; le conseil municipal fit comme elle et prétendit avec raison qu'en se prononçant pour l'acceptation du legs, il n'avait pas autorisé son secrétaire à commenter son vote, ou à l'agrémenter.

La minorité exigea la radiation, au procès-verbal, de la phrase malsonnante, ce qui fut accordé.

La Halle (du Marché)

Puisque, à propos d'assurances, nous avons touché à la question des halles, finissons-en au plus tôt avec cette construction baptisée par M. Modeste du nom de chef-d'œuvre, et proclamée par lui *vaste et monumentale.*

Vaste, [en effet, trop vaste même pour y installer des banquets et y prononcer des discours politiques, mais trop restreinte pour son objet, sa destination, les exigences du commerce d'une ville de dix mille habitants et de son marché, le plus important du département ; trop restreinte surtout en égard aux 130,000 francs qu'elle a coûtés. Monument incomplet puisque, plus tard, il doit être continué ; écrasé, disgracieux, et lourd ; avec son campanille sans sonnerie, ni cadran, son clocher sans horloge ; car nous ne pensons pas que les deux cartels renfermés dans l'intérieur aient la prétention de remplacer le double et large cadran élevé sur le sommet de l'ancienne halle et d'où les heures se lisaient facilement, et de tous les points du marché (1).

Mais le vice principal de cette construction malheureuse est la difficulté avec laquelle s'y fait l'aération, et l'impossibilité où se trouve le soleil d'y jeter une lumière suffisante. Un mètre et demi de hauteur en plus lui était indispensable : les colonnes et leurs consoles avaient été fondues dans cette prévision. Mais on avait compté sans le maître, qui ne l'était pas encore, il est vrai, mais se préparait à le devenir. Accoutumé au demi-jour, le solitaire de la thébaïde trouva que la part faite à la lumière, dans l'œuvre des

(1) Nous n'avons jamais pu nous expliquer comment les habitants du Marché qui sont ornés de sept conseillers sur vingt-trois, se sont ainsi laissé exproprier d'un avantage dont ils jouissaient depuis plus d'un siècle. En cette circonstance, possession fait titre.

halles, était exagérée. Comment le satisfaire ? A cette époque déjà, il fallait compter avec lui. Ne pouvant, sans les refondre, diminuer la longueur des colonnes, on prit le parti d'enterrer ce qui excédait quatre mètres, et satisfaction lui fut ainsi donnée.

La faute est faite, il n'y faut plus penser. Pourtant, il faudra songer un jour à l'agrandissement. La construction actuelle est agencée dans cette prévision. En raison du peu de superficie qu'elle occupe, le défaut que nous signalons est encore supportable. Mais lorsque la surface se trouvera amplifiée, vu la nécessité où l'on sera de juxtaposer la nouvelle construction à l'ancienne, l'obscurité sera telle que, dans les jours sombres, l'hiver surtout, le gaz sera nécessaire pour l'éclairer en plein jour.

Pour éviter cet écueil, il faudra donner au prolongement plus d'élévation qu'à l'ancienne construction, — deux mètres au moins. — Alors, il sera prouvé qu'en cette circonstance, comme en tant d'autres, notre pauvre ville restera à la hauteur de sa vieille réputation et que, même dans la construction de ses halles, elle aura été incapable de comprendre ce qu'il y a de plus élémentaire en architecture, c'est-à-dire la connaissance des lois de l'hygiène et le sentiment de la ligne d'horizon.

Dans tous ses discours, dans tous ses écrits, M. Modeste s'est proclamé l'ami, le fauteur de l'intruction à tous les degrés, et comme conséquence le partisan du bien-être de ceux qui la donnent. En voici une preuve choisie parmi bien d'autres.

Les Professeurs du Collège devant le Conseil municipal

Dans sa séance du 27 mai 1878, le conseil municipal, ou plutôt la majorité du dit conseil, inspirée par des sentiments que nous n'avons pas à apprécier ici, rejetait par quatorze voix, contre sept, une demande d'augmentation de traitement, faite par les professeurs du collège.

Ce résultat négatif était d'autant plus inexplicable que ce n'était pas seulement les professeurs qu'il atteignait, mais la dignité du Bureau d'administration (1) qui avait pris l'initiative de la demande.

Disons, en peu de mots, les circonstances dans lesquelles s'est produit ce fâcheux épisode qui, plus que tous les actes ultérieurs de son administration, a discrédité M. Modeste, en laissant pressentir ce qu'il serait un jour.

Il est admis en principe qu'un établissement d'instruction publique, collège ou lycée, ne doit, dans aucun cas, devenir une source de bénéfices directs, pour la caisse communale. Les avantages indirects qu'ils procurent aux villes qui les ont fondés, les dédommagent, et au delà, des sacrifices pécuniaires faits par elles. Tous les lycées sont dans ce cas : aussi chaque année, plusieurs millions sont-ils votés, par les Chambres, et destinés à combler le déficit.

(1) A cette époque, le bureau d'administration du collège était composé de MM. Maréchal sous-préfet et président, Geoffroy maire, Guyot ancien principal, Benoist avoué, Jouty juge, et Muller, principal actuel.

Les collèges communaux se trouvent dans une position à peu près identique ; mais, ici, les communes où ils sont établis sont tenues à parfaire la différence qui, comme on le pense bien, varie suivant l'importance et le plus ou moins de prospérité de l'établissement. Telle ville, en France, dépense 25 à 30,000 francs pour son collège et n'a jamais eu la pensée de les regretter. Sans sortir de notre département, interrogeons Melun, Coulommiers, Fontainebleau, Provins : ces villes nous diront ce que leur coûtent leurs collèges et les sacrifices qu'elles se préparent encore à faire pour eux.

Un *seul*, en France, fait exception : c'est le collège de Meaux. Depuis une douzaine d'années surtout, son budget se solde par un excédant de recettes, et pendant les cinq dernières années, le chiffre total de ce boni s'est élevé à 26,000 francs.

Cette somme est encaissée par la ville et se trouve ainsi constituer une partie de son revenu.

Guidé sans doute par les considérations que nous venons de faire valoir, le bureau d'administration avait cru faire acte de justice, en proposant au Conseil municipal de détacher de ce boni une parcelle de 3,600 francs, et d'augmenter le traitement des professeurs de la modique somme de 200 francs.

Dans la pensée des membres du Bureau, cette augmentation, si légère qu'elle fût, pouvait se traduire ainsi : Témoignage de satisfaction donné, par la ville, aux fonctionnaires qui ont concouru, chacun dans la mesure de leurs attributions, à faire du collège de Meaux un établissement hors ligne, sous le rapport du nombre des élèves, de la force des études et des succès remarquables obtenus dans les concours.

En ce temps-là, il avait déjà supputé ce que lui coûterait l'établissement de ses écoles laïques ; et comme les ressources, au budget, ne sont pas illimitées, il se croyait autorisé à prélever sur le traitement des professeurs de quoi payer ses maîtres d'école.

Soumise au conseil municipal, ainsi que nous l'avons dit, dans sa séance du 27 mai, la demande a été repoussée.

Il est sans exemple, dans les annales de l'Université, qu'une requête présentée dans de telles conditions ait éprouvé l'humiliation d'un refus.

Cet acte de révoltante injustice a été l'un des premiers commis par la majorité actuelle alors en voie de formation, sous la direction de l'homme qui s'occupait déjà du soin de l'organiser, de la discipliner, de l'assouplir selon ses vues. Depuis cette époque, elle n'a pas cessé un instant de bien mériter de son maître. A ceux qui seraient tentés d'en douter les deux années qui viennent de s'écouler le prouvent surabondamment.

Quant à l'incomparable pénurie des raisons mises en avant, pour justifier ce refus, nous n'avons pas à les discuter. A la distance où nous sommes des événements, cette appréciation n'offrirait qu'un médiocre intérêt. MM. *Dufraigne* et *Grignon* les ont, à cette époque, réduits à leur véritable valeur, et ont su trouver, dans leur cœur, et dans le sentiment de l'opinion publique, des expressions suffisantes pour flétrir, comme elle le mérite, la conduite de l'homme auquel les professeurs ont dû cet échec.

Pour un ambitieux qui voulait faire concourir l'instruction publique à la réalisation de ses rêves de grandeur, c'était un début ultra-maladroit, et sur lequel nous n'avons insisté que pour servir de transition à ce qui nous reste à dire du Maître absolu de l'organisation de l'enseignement primaire laïc, dans Meaux.

M. Modeste et l'Enseignement primaire laïc dans notre ville

Tout a été dit, au sujet des écoles laïques, et sur la nécessité de leur création dans notre ville. Revenir sur ce sujet serait inutile pour le but que nous nous proposons : nous nous contenterons d'un simple résumé.

Il y a deux ans, les élections municipales se faisaient chez nous, sous l'empire de la plus grande préoccupation de l'époque. La création de l'enseignement laïc, devenue une sorte de mandat impératif, était imposée à tous les candidats en quête de nos suffrages. Cette garantie était, en effet, justifiée par les circonstances malheureuses que nous avions traversées, et par les nécessités que nous imposait l'avenir.

Tous ont promis; il est juste de dire que tous avaient l'intention de tenir : la plupart ont même donné plus qu'on leur demandait.

Nous avons déjà dit quelques-uns des motifs qui avaient engagé l'homme qui nous occupe à choisir l'enseignement primaire comme le piédestal sur lequel il voulait se mettre en évidence, et frapper les yeux. Grâce au hasard, ou plutôt à son inflexible ténacité, il s'est trouvé en mesure de tenter l'expérience.

Une fois imposé, de par le suffrage universel, il a pris le programme en main, et, sous prétexte d'en faciliter l'exécution, il l'a si bien étudié, remanié, étendu et dénaturé qu'il l'a rendu inexécutable, et ruineux pour notre malheureux budget.

Deux cent mille francs sont dépensés, ou le seront prochainement; et lorsque le programme tel que l'a rêvé cet homme fatal aura reçu son entière exécution, une somme égale sera absorbée : total *quatre cent mille francs!*

Intérêts annuels à payer : dix-huit à vingt mille.

Ce n'est pas tout : lorsque les traitements affectés à chacun des fonctionnaires qui composent ce ruineux ensemble seront perçus par eux; lorsqu'on aura soldé les dépenses diverses rendues chaque année nécessaires par l'organisation nouvelle, notre budget sera encore obéré de près de cinquante-trois mille francs, qui, joints aux *vingt mille* signalés plus haut, constitueront pour notre ville une charge annuelle de soixante-treize mille francs!!

Ces chiffres ont été, par nous, produits en public par le moyen de la presse locale. L'administration municipale n'ayant pas jugé à propos de les démentir, ou de les modifier, ils restent définitivement acquis au débat.

Jusqu'à ce jour, le budget de l'enseignement primaire dans notre ville, s'était soldé par 14,500 francs : il est aujourd'hui quadruplé. Reste à savoir si l'instruction donnée aujourd'hui à nos enfants vaudra quatre fois plus. En attendant que l'avenir se charge de nous renseigner sur ce point, voici quelques-uns des résultats constatés jusqu'à ce jour :

C'est dans les concours cantonaux, et dans les examens pour l'obtention du *certificat d'études primaires* que nous les puisons.

Dans l'un de ses derniers numéros, le *journal quasi officiel* de la municipalité apprenait à ses lecteurs que les élèves de l'école laïque, place Henri IV, avaient obtenu quatorze nominations sur cinquante données à toutes les écoles du canton, et il appelait ce piètre résultat une *moisson de lauriers*.

Voici la vérité :

La ville de Meaux renferme, en chiffres ronds, 11,000 habitants, et la population des autres communes qui composent le reste du canton ne s'élève qu'à 7,000. La proportion est donc de 11 à 7, d'où il résulte que le chiffre des nominations obtenues par nos écoles primaires laïques, — garçons et filles, — devait être de 31 : il n'a été que de 19.

Celui des campagnes qui devait être de 19, a été de 31 !

Même infériorité dans l'obtention du certificat d'études primaires. Sur les 60 brevets qui ont été délivrés aux examens qui viennent d'avoir lieu, nous n'en voyons que 16 à l'avoir de nos deux écoles laïques : ce chiffre devait être de 37.

Pour être exact dans notre statistique, nous devons faire remarquer qu'à ces examens sont également admis les élèves des écoles primaires libres de tout le canton, ainsi que ceux du culte protestant, et que, par conséquent, la part faite aux écoles de la ville se trouve naturellement amoindrie. Mais il n'en est pas moins vrai d'ajouter qu'en cette circonstance la ville de Meaux a été battue, dans ses deux écoles de garçons et de filles. Cette défaite est d'autant moins explicable que, dans les villes, la fréquentation de l'école est plus régulière et plus suivie que dans les campagnes, où la plupart des élèves quittent l'école, avant l'âge de douze ans, et où l'instituteur est sans cesse obligé de lutter contre l'incurie des familles à laquelle vient naturellement en aide la mauvaise volonté des enfants.

Triste chose! en considérant les travaux considérables exécutés, depuis trois ans, pour nos écoles laïques, nous nous demandions par quelle singulière aberration la municipalité avait choisi pour les exécuter, le moment où, par suite de remaniements, qu'on lui a fait subir, la clientèle scolaire a baissé de près de 40 pour cent.

Un mot d'explication à ce sujet :

Autrefois pour les garçons, nous n'avions qu'une école congréganiste, indépendante, c'est-à-dire établie en dehors de l'action municipale.

Fondée dans les conditions que chacun sait, l'*école congréganiste du Marché* suffisait, et au delà, pour les besoins actuels et la satisfaction des familles qui voient, à tort ou à raison, au-dessus de l'enseignement, quelque chose de plus et qu'elles recherchent avant tout, c'est-à-dire l'instruction religieuse.

Aujourd'hui, nous en avons deux. La clientèle de l'école, place Henri IV, s'est dédoublée. Une partie est restée aux laïcs; l'autre a suivi les frères, rue des Cordeliers. Elle paraît s'y plaire et y rester fidèle. Une de plus, par conséquent, qui échappe à l'action municipale et fait à ses écoles laïques une concurrence qu'avec d'autres procédés que ceux mis en œuvre, à l'égard des congréganistes, on aurait pu empêcher de se former.

De plus, et à l'heure qu'il est, les enfants de la salle d'asile, rue du Tribunal, sont allés, au nombre de près de 200, retrouver, rue Bossuet, les sœurs de Saint-Vincent-de-Paul, leurs anciennes maîtresses. Une trentaine, au plus, est restée fidèle à l'ancien bercail.

Nous ne pouvons préjuger encore ce qui arrivera à l'école des filles de la rue des Vieux-Moulins, lorsqu'elle sera restaurée. Espérons que là s'arrêteront les désertions, ou qu'elles se feront moins nombreuses et partant, moins humiliantes.

Nous ne dirons que peu de chose de l'école d'adultes : on comprendra les motifs de notre réserve. La transformation ne lui a pas porté bonheur, et là, comme dans toutes ses innovations le réformateur a été encore plus malheureux.

Depuis sa fondation dans notre ville, et pendant trente-cinq ans, elle avait compté une moyenne de 120 à 150 élèves qui, l'hiver dernier se sont trouvés réduits à deux douzaines tout au plus. Il est vrai que l'on a jugé à propos de diminuer le nombre de mois de classe : quatre au lieu de six. La réforme a porté également sur les jours de travail : quatre, par semaine au lieu de cinq. Il paraît que cette réduction, toute de sollicitude pour les maîtres, n'a pas été du goût des ouvriers, ce qui, ajouté à d'autres causes que nous laissons de côté, leur a fait déserter l'école.

Nous serions fâché que l'on se méprît sur le sens de nos paroles, et que l'on y vît autre chose que le désir d'éclairer une situation qui menace de s'embrouiller de plus en plus. Ce n'est pas nous qui conseillerons jamais de marchander à l'instruction publique les subsides auxquels elle a droit, et qu'aujourd'hui surtout une ville jalouse de sa propre dignité ne peut lui refuser, sans encourir la réprobation publique. Mais entre vouloir et pouvoir, entre une dépense rationnelle devenue nécessaire, et un gaspillage comme celui dont nous sommes témoins, il y a loin.

Un vieux proverbe dit que Paris n'a pas été fait en un jour, et le vieux proverbe a raison. Car quel que soit, pour nos administrateurs, leur désir d'expédier au plus vite, dans l'intérêt de leur prochaine candidature, cette question des écoles, la situation budgétaire est là qui se dresse devant nous, acérée, froide comme une épée, inflexible comme le Destin. De grands besoins, de médiocres ressources, tel est le fond de notre situation financière.

Que la majorité du conseil et l'économiste distingué qui la tient sous sa férule, nous permettent de leur rappeler qu'en politique, comme en administration, comme en mécanique, on perd toujours en force ce que l'on gagne en vitesse et que le jour n'est pas éloigné où ils pourront se convaincre que le résultat obtenu est de beaucoup inférieur à la force dépensée.

Nous ne faisons aucune difficulté de reconnaître que telles qu'elles étaient organisées, dans notre ville, les écoles primaires, celles de filles surtout, étaient loin de donner les résultats que l'on pouvait en attendre.

Mais si la réforme de cet enseignement était logique, indispensable, il ne l'était pas moins d'éviter qu'elle ne fut une cause d'embarras pour nos finances. Dans sa précipitation de tout entreprendre à la fois, pour ne rien laisser à leurs successeurs, la majorité du conseil et son chef ne se sont pas assez souvenus que les réformes les plus importantes ne doivent arriver qu'à leur heure, et que pour être sérieuses et durables, elles doivent être passées au crible de la discussion et de l'expérimentation.

Mais ce qu'ils ne devaient pas perdre de vue surtout, c'est que l'intolérance et la brutalité sont un triste moyen d'administration et qu'ici, comme partout, comme toujours, la persécution fait les martyrs, leur concilie la sympathie publique et ne rapporte aux persécuteurs que l'aversion, ou le mépris.

Nous ne pouvons quitter ce sujet sans dire un mot de l'obligation nouvelle, créée à M. Modeste, par les exigences de sa haute position : nous voulons parler des distributions de prix dont la présidence lui était naturellement dévolue, et dont il s'est acquitté de la manière que nous allons dire.

M. Modeste et les Distributions de Prix

Porte-parole obligé, dans ces fêtes scolaires, M. Modeste a su se tenir à la hauteur de sa réputation : il a parlé, même beaucoup, mais pour ne rien dire.

A l'école communale des filles, de la rue du Tribunal, il a commencé par entretenir son jeune auditoire de plans, de devis, d'alignements, de constructions ; il se préparait à s'élancer dans la chaux, ou se noyer dans le mortier, lorsque du milieu des différents groupes de mères de famille, s'est élevé un concert d'énergiques désapprobations qui ont forcé l'orateur de parler dans le vide ; il a pu se convaincre qu'il eût mieux fait de rester dans sa thébaïde que de s'imposer à une réunion dont tous les membres, sans exception, l'avaient condamné d'avance.

Huit jours plus tard, au collège, il a parlé finances, impôts, dégrèvement, soldats, armée, etc..... Aussi ses phrases de rhéteur ont-elles laissé froid, comme lui, son jeune auditoire en qui rien n'a vibré.

Tandis qu'il vantait les bienfaits de l'instruction, que n'a-t-il mis en scène un enfant élevé aux frais d'une ville qui ne lui devait rien, puisqu'il n'est pas né dans son sein, et qui cependant l'a soutenu, fait instruire, et porté aujourd'hui même au faîte des grandeurs locales. Situation magnifique, s'il en fut jamais, et qui le mettait en demeure, non pas d'acquitter, mais d'affirmer une partie de sa dette.

Allons ! décidément la reconnaissance est un lourd fardeau, puisqu'il y a tant d'ingrats !

A l'école laïque des garçons, ce magistrat égalitaire et démocrate a commencé par scinder en deux parties notre jeunesse, celle qui fréquente le collège, et celle des écoles : naturellement ses sympathies se sont portées sur cette dernière, parce que l'école donne à ceux qui la fréquentent le *savoir et les vertus civiques*. Il est probable qu'au collège les élèves n'apprennent rien et qu'ils en sortent mauvais citoyens.

Une fois lancé dans cette voie et complétant cet insultant parallèle, il a tiré, de l'infériorité numérique des élèves du collège, sur ceux des écoles, un point d'appui pour ces prédications démagogiques. A l'exception d'une centaine, a-t-il dit, les élèves du collège ne sont que des étrangers, et s'ils sont le choix, vous, élèves des écoles, vous êtes le nombre; cette ville qui vous a donné naissance, ces maisons que vous habitez, fils de travailleurs, ce sont vos pères qui les ont construites et dont la sueur les a faites ce qu'elles sont. Eh bien! rappelez-vous qu'elles vous appartiennent et que dès aujourd'hui vous êtes en droit d'en préparer pour vous la légitime possession.

Que n'a-t-il, en sa qualité de maître, fait relier, pour les donner en prix aux écoles primaires de notre ville, une douzaine de volumes de son ouvrage, fameux entre tous, et auquel rien n'a manqué, pas même la honte d'avoir su conquérir la haute approbation et les éloges d'un littérateur journaliste, père de famille, ancien éducateur de la jeunesse et qui, en cette circonstance, n'a pas craint de mettre sa plume au service d'une si triste cause.

Pour un homme habitué à faire de la réclame électorale, en tout et partout, l'occasion était trop belle pour la laisser échapper. Aussi a-t-il terminé par ces paroles sur lesquelles nous appelons l'attention des pères de famille : « *Mais si nous vous aimons, vous aussi devez savoir distinguer vos amis de vos ennemis : aimez vos ennemis si vous le pouvez, et quand vous aurez distingué vos amis, il faut savoir les maintenir, et au besoin les défendre et les soutenir!* » Ainsi, voilà un homme, un magistrat dont la mission tout entière doit être une œuvre de paix, de conciliation, et qui divise nos enfants en deux catégories, prévenant l'une des deux, la plus nombreuse, qu'elle est supérieure à l'autre, puisqu'elle reçoit l'habitude des vertus civiques. Il lui apprend en outre qu'elle doit avoir des ennemis et lui donne les moyens de les reconnaître ; puis, lorsqu'elle les aura suffisamment distingués, ces amis, et conduits au pouvoir, M. Modeste lui recommande surtout de les défendre et de les y maintenir.

Et c'est ainsi que l'école primaire qui devrait être un sanctuaire inaccessible aux agitations politiques et aux passions mauvaises, va devenir, sous l'inspiration de ce démagogue ambitieux, et implacable dans ses haines, un foyer où l'on apprendra à discerner ses amis de ses ennemis et un lieu d'apprentissage pour ceux qui, comme lui, éprouveront le besoin de haïr !

Candide et sainte jeunesse, voilà le programme de ton instruction fixé : voilà les principes qui feront désormais la base de ton éducation!...

Et c'est en présence du petit-fils de celui que la France entière a surnommé le représentant de la *liberté des deux mondes* qu'ont été lancées publiquement ces insanités. Est-ce que cet esprit libéral, généreux, et qui, depuis 40 ans, est toujours resté étranger parmi nous à toute arrière-pensée, n'a pas tressailli de surprise et d'indignation en se voyant associé à de pareilles doctrines, et compromis, de plus en plus, parmi nous, par un homme qui s'en sert, comme de marchepied, pour satisfaire son ambition ?

Nous l'ignorons, mais en tout cas nous ne pouvons, sans tristesse, assister à une pareille déchéance et voir s'émietter ainsi, avant de s'évanouir tout à fait, une des gloires les plus pures qui nous appartenaient exclusivement et sur laquelle nous étions en droit de compter jusqu'à la fin.

M. MODESTE

ADMINISTRATEUR, ÉCONOMISTE ET FINANCIER

Qu'on le sache bien, ce n'est pas nous qui le qualifions ainsi ; c'est lui-même qui s'est couronné le front de cette épithète trois fois menteuse, lorsqu'elle s'applique à lui.

Avec un peu d'histoire rétrospective, nous allons voir en quelle circonstance, et à quel propos il s'en est affublé :

Le 27 décembre 1877, jour de l'ouverture de la période, pour les élections municipales, M. Modeste, secrétaire démissionnaire, et muni de sa pension, se présentait à ses chers concitoyens et leur adressait le langage suivant :

« Vous savez si j'ai l'expérience des affaires municipales, et si je » puis dire sans vanité, que par devoir je les connais mieux que » personne. Vous savez aussi si je suis franc et loyal. » (*Journal de » Seine-et-Marne*, 27 décembre 1877.)

Et six mois plus tard :

« J'ai pris la parole : ce jour-là j'ai réussi à trouver sur ma » route, la raison, les saines et droites doctrines, la persuasion,

» l'apaisement des esprits, la force contre les erreurs et leurs dan-
» gers; la chaleur communicative au service de la vérité, du droit,
» de la paix civile, etc., etc. » (1).

Que les électeurs à cette époque aient été abusés sur le compte du candidat et sur ses promesses; qu'en l'envoyant au conseil, ils se soient imaginé y mettre un homme spécial, capable de rendre quelques services, sous le rapport administratif et financier, nous l'accordons sans peine; ils se sont trompés, et aujourd'hui la plupart ne font aucune difficulté de l'avouer.

Mais que, refusant de se rendre à l'évidence, quelques-uns de ses disciples, — et ils sont rares aujourd'hui, — persistent à lui maintenir cette réputation si compromise, voilà ce que nous ne pouvons raisonnablement accorder.

M. Modeste administrateur et financier!! quelle amère plaisanterie : les trois années qui viennent de s'écouler nous ont permis de le voir à l'œuvre, puisque c'est notre ville qu'il a choisie comme champ d'expérimentation : les preuves sont nombreuses et ne nous offrent que l'embarras du choix.

Quelques-unes prises au hasard. Exemple :

La Halle était achevée. Coût : 130,000 francs Un emprunt était nécessaire, il avait d'ailleurs été prévu. Mais à quel taux? A cette époque le 5 p. 0/0 était dans les environs de 4 1/2 et même un peu au-dessous. Quel sera le taux adopté par le conseil? Un emprunt communal, surtout dans une ville comme Meaux, offre autant et même plus de garantie qu'un place-

(1) *Résolutions nouvelles.* — Page 47.

cement sur l'État, et l'intérêt à 4 1/2 se présentait naturellement à tous les esprits.

Seul, M. Modeste ne fut pas de cet avis : avait-il des fonds à placer? qui pourrait le dire? il soutint la cause du 5 p. 0/0, s'y cramponna vigoureusement, et pour l'en arracher, il fallut que M. Dumont, son égal, au moins, en connaissances administratives et trois fois son maître, en matière financière, disputât pied à pied le terrain et, pour rassurer sa timide conscience qui craignait un échec, lui promit que, dans le cas où toutes les actions ne seraient pas souscrites, la maison de banque Paul Petit prendrait à son compte celles qui resteraient sans placement.

On sait le résultat. L'emprunt fut couvert deux fois et la banque dispensée d'intervenir.

La ville bénéficia de la différence. Par le fait, elle économisait la moitié de la somme payée annuellement à son pensionnaire.

Second exemple :

L'ordre moral avait disparu pour faire place à un gouvernement franchement dévoué aux intérêts de l'instruction primaire. Préoccupé, avant tout, des moyens de l'améliorer, le ministère demanda et obtint des Chambres un crédit de 120 millions destinés, soit à venir en aide, et à titre de dons gratuits, aux communes qui avaient fait, ou se préparaient à faire des sacrifices pour leurs écoles; soit à leur avancer, comme prêts, et dans des conditions excessivement avantageuses, une partie de ce qui leur était nécessaire pour seconder ses vues. Il est certain que, en considération des dépenses faites ou à faire pour cet objet, notre ville avait des droits incontestables.

Cependant six mois s'étaient écoulés et aucune demande n'avait été faite par la municipalité dont M. Modeste était déjà l'organe accrédité. Il fallut qu'un membre de la minorité, le docteur Dufraigne, dans une des séances du Conseil, le prenant à partie, lui demandât si l'on se préparait à faire les démarches nécessaires pour participer à la munificence de l'État.

M. Modeste parut étonné. Etes-vous bien certain de ce que vous avancez, demanda-t-il au docteur? On fut obligé, pour le convaincre, de lui mettre sous les yeux le numéro du *Moniteur*, sur lequel se trouvait le compte rendu de la séance des Chambres où avaient été votés les 120 millions. Il fallait bien se rendre Mise en demeure de s'exécuter, l'administration municipale fit la demande et, peu de temps après, une somme de vingt mille francs était mise à sa disposition, par le ministre de l'instruction publique, et encaissée presque immédiatement.

Pour ceux qui ne connaissent que superficiellement, l'homme qui nous occupe, cette conduite est inqualifiable. Pour nous, elle est là conséquence logique de ses principes. M. Modeste ne voulait pas du concours de l'État, qui n'accorde qu'au prix de délais, de formalités de toute nature, et surtout impose son contrôle. Or M. Modeste était pressé, si pressé même que toute condition de quelque nature qu'elle fût, et pouvant entraver sa marche, devait être réprouvée par lui.

On lui reprochait un jour cette impardonnable incurie de nos intérêts. « Vous voulez, je le vois bien, répliqua-t-il, que nos successeurs aient la gloire d'achever ce que nous avons si laborieusement commencé! »

L'homme est, là, tout entier. Il a fait de la transformation des écoles, la question capitale de sa réélection. Périssent nos finances, s'il le faut, mais que son œuvre soit complète, lorsque appuyé sur elle, il nous demandera le renouvellement de son mandat :

Il est vrai qu'en cette circonstance, et contrairement à ses habitudes, l'État n'a ni fait attendre, ni imposé de conditions. Six mois se sont à peine écoulés entre la demande et la réponse affirmative. Mais M. Modeste ne pouvait le prévoir.

Nous pourrions multiplier les exemples, mais nous craindrions d'allonger d'autant notre travail. Nous avons hâte d'arriver au but. Obligé de nous restreindre, nous ne pouvons donner place ici qu'aux épisodes les plus saillants. En voici un qui a fait, en son temps, assez de bruit pour ne pas être aujourd'hui passé sous silence.

Nous lui donnons pour titre :

M. Modeste et la Caisse d'épargne

Dans sa séance du 12 mars 1878, le conseil des Directeurs, grâce à sa prudente administration, avait résolu de porter de 3,50 à 3,75 le taux de l'intérêt servi aux déposants.

Multiplier les avantages faits aux classes laborieuses, par l'institution des caisses d'épargne, c'est contribuer puissamment à leur faire aimer l'économie, en mettant à leur portée tous les avantages qu'elle procure.

C'est ainsi que l'avait compris le conseil, en prenant l'initiative de la mesure dont nous venons de parler.

N'oublions pas de dire qu'en sa qualité de conseiller municipal, M. Modeste faisait partie du conseil des directeurs de ladite caisse.

La mesure devait recevoir son exécution, à partir du 1er janvier 1880, mais au moment où fut votée cette importante résolution, le nouveau venu refusa de s'y associer, prétextant que le conseil actuel n'avait pas qualité pour le faire.

Il avait découvert, ce fervent adorateur des formalités, que les directeurs, pris en dehors du conseil municipal, n'avaient pas été valablement élus, et que par conséquent la délibération du 12 mars était irrégulière.

Notons que précédemment, et avant son arrivée, la question soulevée par lui avait été soumise à l'administration supérieure, et que, préfet et ministre avaient été d'accord pour déclarer que si l'élection n'avait pas été faite régulièrement, il n'y avait pas lieu de l'annuler et que les directeurs actuels conserveraient provisoirement leur mandat.

L'explication était nette et la question tranchée. Tout autre que M. Modeste se fût déclaré satisfait, d'autant plus que la situation de la caisse d'épargne de l'arrondissement de Meaux était dans une situation de prospérité telle qu'il était malséant à un nouveau venu de rompre aussi violemment avec des collègues qui n'avaient pas attendu son intromission pour apprendre ce qu'ils avaient à faire.

Le vote eut donc lieu, malgré lui, et sans lui. Depuis le 1er janvier 1880, les titulaires de livrets bénéficient de 25 centimes par 100 francs sur leurs fonds déposés.

De la part de M. Modeste, c'était plus qu'une maladresse, c'était une mauvaise action. Il le sentit si bien qu'il essaya d'expliquer dans les journaux les motifs qui l'avaient fait agir.

Mais le vice-président du conseil des directeurs, M. Benoist, de Lisy, intervint dans la discussion : les raisons alléguées furent mises à néant, et le malencontreux opposant ne répliqua pas.

Travailleurs, titulaires des livrets de caisse d'épargne, vous voilà édifiés sur les vrais sentiments de cet homme qui

« Adore les malheureux et se sent attiré vers eux d'une séduction
» toute-puissante. . . . . (1) »

Une occasion se présentait à lui de vous le prouver : vous voyez l'usage qu'il a su en faire.

Passons.

Nous venons de voir M. Modeste en guerre avec la caisse d'épargne. Pour s'entretenir la main, il s'était précédemment attaqué à la compagnie du chemin de fer de l'Est, et à l'administration des postes : il dirigera ensuite ses coups d'épingle sur la Société d'agriculture et sur celle d'horticulture de notre arrondissement.

Quelques explications à ce sujet :

M. Modeste et l'Administration des postes

Un beau jour, ou peut-être une nuit passée tout entière au sein de la thébaïde profonde, M. Modeste,

(1) *Résolutions nouvelles*, page 80.

dont toutes les facultés sont incessamment tournées vers l'amélioration morale et matérielle du sort de ses *chers concitoyens*, eut une idée lumineuse. Il pensa que l'unique guichet qui existe au bureau central de la poste, place de l'Hôtel-de-Ville, devait être insuffisant. Il est probable que la veille il avait attendu quelques minutes pour se faire servir.

De là, à supposer qu'un second guichet était devenu nécessaire, il n'y avait qu'un pas à faire, et il le fit.

Immédiatement, et avec l'aide de l'un de ses fidèles, il déposa, à l'une des séances du conseil municipal, une proposition tendant à obtenir de l'administration des postes la création d'un second guichet.

En cette occasion, comme en tant d'autres, l'indispensable sénateur, président du conseil général, fut prié d'appuyer, la demande de tout son crédit. Il fit bien quelques difficultés, mais finit par consentir.

Eh, vraiment ! il eut fait beau voir qu'il résistât.

Seulement, il arriva ce que l'on n'avait pas prévu.

En ces sortes d'affaires, la marche à suivre était celle qu'indique le simple bon sens. S'adresser d'abord au chef de service de la circonscription, c'est-à-dire au receveur des postes de la ville : lui faire connaître les intentions du conseil municipal, et savoir de lui si, dans le cas à peu près certain où il serait appelé à donner son avis, il le ferait dans un sens favorable.

Rien de semblable n'eut lieu, parce que depuis que M. Modeste s'occupe de nos affaires, tout se fait à rebrousse-poil. Ainsi, l'administration des postes fut saisie directement, par le conseil, de la demande en question ; naturellement elle la renvoya au receveur pour avoir son avis. Celui-ci répondit que la création demandée par le conseil ne lui paraissait nullement nécessaire; que le service n'était pas aussi chargé qu'on le prétendait; que, sauf quelques exceptions assez rares, du reste, le guichet était libre et la difficulté des abords objectée par le conseil, exagérée; que la création demandée exigerait un surcroît de dépenses hors de proportion avec les avantages à obtenir, et que d'ailleurs si cette modification au service lui eût paru nécessaire, il l'eût demandé lui-même à l'administration, sans attendre la réclamation du conseil : il concluait à une fin de non-recevoir.

Il est inutile d'ajouter que les conclusions du rapport furent adoptées par l'administration des postes.

Et voilà comment la ville de Meaux n'est encore, à l'heure qu'il est, en possession que d'un seul guichet, malgré la puissante intervention du haut personnage ci-dessus énoncé, et qui dut reconnaître que là, comme partout ailleurs, son inspirateur l'avait mal inspiré.

Autre déconvenue.

M. Modeste et le Chemin de fer de l'Est. Coupure des trains

Dans son n° du 19 février 1879, le *Journal de Seine-et-Marne*, organe officiel de M. Modeste, publiait une lettre signée par ledit et dans laquelle il nous informait que, sur sa proposition, le conseil municipal avait :

1° Emis le vœu que le quai de la gare du chemin de fer fût allongé dans la mesure du nécessaire;

2° Que les trains d'arrivée fussent coupés en deux, afin de faciliter aux voyageurs, à travers la voie, l'accès de la porte de sortie.

Il ajoutait que grâce à l'appui de notre honorable sénateur, président du conseil général, la compagnie se préparait à nous donner satisfaction.

Réclame électorale et rien autre chose! Ces deux assertions étaient aussi inexactes l'une que l'autre. En effet, il était de notoriété publique que, longtemps avant la demande du conseil municipal, l'administration du chemin de fer s'était occupée du premier projet dont les plans étaient déjà et sont encore aujourd'hui à l'étude.

D'un autre côté, les trains ne furent pas coupés plus régulièrement qu'ils ne l'étaient avant la demande du conseil. Jusqu'à ce que la gare soit prolongée et élargie, des obstacles matériels et insurmontables empêchent la compagnie, malgré sa bonne volonté, de donner au public satisfaction sur ce point.

Mais M. Modeste éprouvait le besoin de faire un peu de réclame en sa faveur d'abord, et ensuite au bénéfice de sa majorité, alors en voie de formation. Quant au puissant protecteur, s'il a envisagé froidement la situation, il a dû se trouver médiocrement flatté des résultats de son intervention, résultats négatifs et auxquels il doit être accoutumé, depuis trois ans que nos concitoyens l'ont chargé de les représenter et de défendre leurs intérêts au conseil général où il n'a jamais rien défendu. Deux échecs successifs, à quelques mois de distance! c'était trop. Cette âme de fer, quoique fortement trempée ne pouvait se résigner à passer condamnation sur ce double sinistre. Il fallait une expiation. Il crut l'avoir trouvée dans l'exécution de l'idée dont nous allons donner à nos lecteurs une connaissance sommaire.

M. Modeste et les deux Sociétés d'Agriculture et d'Horticulture

Meaux possède deux Sociétés dont elle peut s'enorgueillir à juste titre : celle d'agriculture, et la Société d'horticulture. Elles existent chez nous, depuis plus d'un demi-siècle, et ont rendu des services qu'il serait inutile d'énumérer ici.

Justement préoccupée du soin de leur être utile, l'administration municipale avait, dès leur formation, mis à leur disposition, et gratis, un local pour leurs séances. Sans nier la valeur de leurs services, la commission des finances dont M. Modeste est l'organe accrédité trouva exagérée l'immunité dont elles jouissaient et crut nécessaire d'y mettre un terme.

Il fut dès lors décidé qu'elles seraient frappées d'un loyer de 200 francs pour la première et de 100 francs pour la seconde. Comme cette dernière surtout ne se réunissait guère que quatre fois par an, chaque séance lui coûtait 25 francs. Pour des horticulteurs, des jardiniers et autres amateurs, la redevance était passablement exagérée. Mais ainsi l'avait décidé le conseil municipal ou plutôt son inspirateur qui trouvait que les deux sociétés étaient assez riches pour payer leur gloire, ou plutôt leur loyer.

Il résulta, de cette mesure illibérale, une plus-value de 300 francs au budget des recettes : c'était à peu près un millième du budget total. Mais, comme l'avait affirmé le rapporteur, les petits ruisseaux font les grandes rivières.

Ce qu'il n'avait pas prévu ce rapporteur, c'est que des affluents comme celui-là épuisent les cours d'eau qu'ils sont chargés d'alimenter, et les justes réclamations auxquelles donna lieu la malencontreuse mesure, ne tarda pas à ouvrir les yeux mêmes de leur auteur. Les deux sociétés, comme c'était leur devoir et leur droit réclamèrent; la presse locale leur prêta son appui; l'opinion publique prit si bien pour eux fait et cause que, moins de six mois après, la mesure était rapportée par le conseil. Les deux sociétés continuèrent à jouir de l'immunité, et les promoteurs de cette mesquine et maladroite économie en furent pour leurs frais.

Nous avons déjà parlé, — page 38, — de l'affaire d'assurance des Halles, en 1878, du legs Grandjasse, vers la même époque; si nous y ajoutons l'échec éprouvé, auprès du ministre de l'instruction publique, par la fameuse Commission des Dix, à propos du renvoi prématuré des sœurs de Saint-Vincent-de-Paul, et celui reçu un peu plus tard, au sujet du contrôleur de l'octroi, dont nous ne parlerons pas, pour les motifs que chacun appréciera, nous n'aurons encore qu'une liste fort incomplète des déboires qu'un homme qui s'est dit et proclamé administrateur de premier ordre, puisse jamais éprouver.

Ainsi maltraité et meurtri, tout autre que M. Modeste se serait retiré sous sa tente, et radicalement guéri de de la rage de tatillonner partout : il n'était pas difficile de voir que son étoile pâlissait et que le Destin avec lequel il était autrefois en assez bons termes, puisqu'il siègeait quelquefois à ses côtés, commençait à lui devenir hostile.

Mais les grands hommes sont ainsi faits et se ressemblent tous : ils meurent et ne se rendent pas, ou bien comme ce héros de triste mémoire, ils partent en annonçant qu'ils reviendront morts ou victorieux, et ils reviennent vaincus, mais vivants. En cette circonstance, M. Modeste ne fit ni l'un ni l'autre. Par une de ces aberrations dont lui seul a le monopole, il ne craignit pas de braver le corps entier des électeurs et les sentiments les plus intimes de la population meldoise.

Nous avons nommé l'affaire de la place Henri IV.

M. Modeste et la place Henri IV

Tout, ou presque tout a été dit au sujet de cette œuvre de mutilation proposée par M. Modeste, à la séance du 2 février dernier. On a vu comment la majorité qui, dix mois auparavant, s'était résolument prononcée pour la conservation de la place Henri IV, fit une évolution complète, revint sur ses pas, et sur l'injonction de son chef impérieux, proposa au département de la lui abandonner, pour la construction d'un Palais de Justice.

On n'a pas oublié la réprobation générale soulevée par ce projet insensé, et l'énergique opposition de la presse locale qui, cette fois, organe de l'opinion publique, se trouva unanime pour blâmer sans réserve les intentions du dictateur et réclamer la conservation de la place.

Nous avons encore présent à la mémoire le résultat de l'enquête faite à ce sujet par l'autorité préfectorale et la dure leçon infligée à M. Modeste par la presque unanimité *de ses chers concitoyens.*

Et pourtant que de réclames, faites, en cette occasion, par une municipalité qui, au lieu de rester neutre, calme et digne comme c'était son devoir, n'a pas craint de descendre dans l'arène et de faire partie de la mêlée! Que de petits moyens pour se concilier des adhésions! Plans inexacts et dressés aux frais des contribuables, affichés aux murs intérieurs de la mairie; introduction subreptice, parmi les pièces officielles, de plans et de documents étrangers au dossier; injonctions ou insinuations à tous les fonctionnaires municipaux de voter à l'enquête, dans le sens officiel; exhibition, sur la place même, d'une clôture peinte en vert, — toujours à nos frais, — et couleur d'espérance; espèce *de petite bergerie* comme l'a plaisamment qualifiée un homme d'esprit : (1) petite en effet, trop petite puisqu'elle dissimulait à peu près *les deux-tiers* de l'emplacement que devait occuper le Palais de Justice, sur la place Henri IV; tout cela a échoué devant le bon sens du public et le projet de la mairie a été repoussé avec perte.

Mais ce que l'opinion publique ne pardonnera jamais à M. Modeste, maire de Meaux, par la grâce de ses concitoyens, c'est l'inepte brochure imprimée, dis-

---

(1) Voir la dernière brochure de M. Boquet-Liancourt, au sujet de la place Henri IV.

tribuée à leurs frais, et écrite pour les insulter. Sous la plume de l'auteur que nous ne connaissons pas officiellement, puisqu'il a gardé l'anonyme, et s'est retranché derrière une majorité qui n'a pas eu le courage d'accepter sa part de collaboration, nous avons vu se produire, pour la première fois dans notre ville, *l'excitation au mépris, et à la haine des citoyens les uns contre les autres*, crime prévu et puni, par l'article 7 du décret du 11 août 1848.

Nous avons vu le droit de pétitionnement, l'un des plus précieux, inscrits dans notre législation, mis effrontément à l'index et frappé dans sa protestation antérieure (1). Sous cette plume de fiel et effilée comme un poignard, les protestants sont devenus des cléricaux, et les conservateurs de la place Henri IV traités de réactionnaires.

Aussi le châtiment ne s'est pas fait attendre et c'est l'enquête qui en a fourni les éléments. 743 déposants ont protesté contre le projet de la municipalité, et 94 seulement se sont prononcés en sa faveur : c'est 88 p. 0/0. Si l'on retranche de ces 94, les 16 membres de la majorité, leurs amis, serviteurs, parents et alliés; si l'on y joint les employés salariés, les fournisseurs de la ville et les autres personnes retenues par la crainte des petites rancunes dont M. notre maire n'a jusqu'à présent donné que trop d'exemples, on reste étonné de ce chiffre minuscule, et l'on peut sans crainte, affirmer que, dans cette question de la place Henri IV, l'opinion publique et indépendante a réuni l'unanimité des suffrages.

---

(1) La première pétition signée de 1,250 habitants de la ville, et réclamant la conservation de la place.

Après un tel échec, avant coureur certain de celui qui l'attend aux élections prochaines, il ne lui restait plus qu'à démissionner. Ce républicain de si vieille date ne devait pourtant pas ignorer que, dans un gouvernement parlementaire, il est de tradition que quand la majorité de la nation lui est hostile, il ne lui reste qu'à se retirer. M. Modeste a changé tout cela : non seulement, il est resté, mais il a daigné nous prévenir qu'il ne se croyait pas obligé de faire le bien de ses concitoyens malgré eux ; que l'offre de la place Henri IV, faite par le conseil, n'ayant par notre approbation, l'affaire reste provisoirement rayée du rôle et qu'il nous abandonne à notre malheureux sort.

Nous ne sommes pas à la hauteur de M. Modeste ; c'est sa brochure verte qui nous l'a dit. Du premier coup d'œil il atteint plus haut et plus loin que le plus voyant de ses concitoyens. Nous regretterons le grand homme, mais il sera trop tard : c'est encore son ouvrage qui nous le prédit. (1)

Un jour doit venir où le monde étourdi reconnaîtra le désintéressement, les services rendus, la persévérance, le dévouement; où l'on reconnaîtra qu'on a eu tort de douter, de repousser, de ne pas croire ; où trop tard on se sentira le cœur un peu serré à la pensée d'une erreur irréparable. Mais pour que cette justice soit faite, il faut... il faut mourir

Le jour a sa date et son heure. L'heure c'est quand je serai dans le cercueil, près d'un autre cercueil.

Mais, non ! c'est trop tôt... Ame méconnue, repose en paix, non pas dans le cercueil, qui n'est pas encore près de s'ouvrir pour toi, mais auprès de nous, et tu pourras t'y convaincre que, chez nous, comme

(1) *Résolutions nouvelles*, — page 99.

partout ailleurs, il n'est personne d'indispensable. Nous ne te demandons qu'une chose, c'est de laisser la place à des successeurs qui n'auront aucune peine à faire beaucoup plus, et surtout beaucoup mieux que toi !

En présence de cette unanime réprobation, le conseil général, ainsi qu'il était facile de le prévoir, a décidé qu'il n'y a plus lieu de choisir la place Henri IV, comme emplacement du Palais de justice, et ajourne, à la session d'avril, tout examen de la question — (Séance du 24 août 1880.)

Rendez-vous nous est donc donné pour le mois d'avril 1881. Nous l'acceptons d'autant plus volontiers qu'à cette époque, la situation se sera modifiée, car il y aura déjà quatre mois que M. Modeste aura cessé d'exister... comme maire assurément, et peut-être aussi comme conseiller municipal.

Malgré notre désir de terminer au plus vite ce long réquisitoire, nous ne pouvons passer sous silence un des premiers actes de l'administration de M. Modeste comme maire, et celui qui sans contredit, a la plus contribué à sa déconsidération parmi nous.

Révocation de MM. Moullière, secrétaire de la Mairie, et Cornillier, employé à l'état civil

Le cadre étroit dans lequel nous nous sommes renfermé, ne nous permet pas d'être aussi explicite que nous désirerions l'être, et de parler des motifs qui ont amené cette révocation. Qu'il nous suffise de dire qu'il reste désormais acquis à la discussion que l'un de ces deux honorables fonctionnaires en refusant de souscrire à un acte d'arbitraire de son chef immédiat, et l'autre, en refusant de se prêter à une infamie, avaient froissé le despote et peu à peu amassé, sur leur tête, les éléments de l'orage qui a fini par les foudroyer.

Et c'est cet homme qui, dix-huit mois auparavant, et dans les lignes que nous avons rapportées plus haut, avait proclamé sa vie sans tache.

La vie sans tache de M. Modeste!!... Mais qu'il regarde donc sur son front, dans ses mains, il y verra parmi tant d'autres, celle qu'y a gravée, en caractères indélébiles, ce premier acte de sa haineuse administration, révolté la conscience publique et donné une idée de ce que serait l'homme, s'il lui était permis d'exercer son despotisme sur une échelle plus étendue.

Lui, célibataire! lui, étranger à toutes les joies, aussi bien qu'aux douleurs de la famille, il s'est senti au cœur assez de haine pour briser la carrière de deux fonctionnaires, sympathiques à tous, enfants de notre ville, et qui depuis 15 ans, et sans interruption, avaient été ses compagnons de travail.

Et cela, au mépris de la promesse faite par lui au Conseil municipal, de ne toucher, en quoi que ce fût, au personnel des bureaux de la mairie!

Décidément cet homme n'a ni cœur dans la poitrine, ni sang dans les veines!

Est-il besoin de dire que cet acte de froide cruauté a plus fait pour la déconsidération de M. Modeste, au milieu de nous, que les attaques réunies de ses adversaires les plus ardents. Espérons que le jour de la réparation n'est pas éloigné.

Avant de terminer, nous demandons à nos lecteurs la permission de leur dire quelques mots sur deux questions soulevées par l'opinion publique depuis quelque temps déjà, et encore pendantes devant l'entêtement dédaigneux de M. Modeste et de sa majorité : nous voulons parler de la question du *gaz* et de celle *des eaux*.

M. Modeste et la Compagnie du gaz

Le prix du gaz, dans notre ville, est de 25 p. 0/0 plus élevé que celui que l'on paye dans les autres villes d'égale importance.

A différentes époques, des démarches ont été faites auprès de la société propriétaire de l'usine de Meaux, dans le but d'obtenir une réduction de prix, et l'un des premiers soins de la Chambre syndicale, aussitôt sa constitution régulière, a été d'insister dans ce sens.

Je ne demande pas mieux, a répondu la Compagnie, mais mon bail expire dans deux ans : mon outillage, qui sert depuis 40 ans, se trouve, ou hors de service, ou peu en rapport avec le progrès de l'industrie actuelle. D'ailleurs ma canalisation doit être remaniée sur presque tous les points. Que l'on me fasse un nouveau bail et je pourrai alors entreprendre des travaux dont il sera facile de trouver la juste rémunération.

Ceci se passait au mois de février dernier. On ne pouvait ostensiblement refuser une pareille offre : seulement, on en ajourna l'examen, et la compagnie fut priée de repasser un peu plus tard.

Il est probable que le grand homme était, en ce moment, occupé des moyens de parfaire sa transformation des écoles et de porter la lumière dans les esprits. Il jugea que l'éclairage intellectuel devait primer l'éclairage matériel de nos rues et de nos magasins ; qu'après tout, il n'y avait pas péril en la demeure, puisqu'on avait encore deux années devant soi ; et puis, tant de projets étaient déjà sur le tapis, que l'on pouvait bien ajourner un peu cette question. On ne pouvait tout faire à la fois...

Depuis cette époque, elle n'a pas fait un pas.

C'est, pour la ville de Meaux, une perte sèche de 30,000 francs par an, et cette résistance aux intérêts communaux est d'autant plus impardonnable que, par une action rétroactive, la compagnie s'engage à faire remonter, au 1er janvier dernier sa réduction sur les anciens prix.

Depuis, une nouvelle société, la compagnie Baranger et Frère a fait aussi des offres. Elle s'offre à fournir le gaz à la ville, et aux particuliers avec un rabais de 42 p. 0/0.

Il ne nous convient pas de prendre ici parti pour ou contre l'une des deux sociétés rivales. Nous n'avons qu'un mot à dire : Si, comme on le prétend, un traité passé avec l'une des deux, — la compagnie Baranger et Frère, — a pour conséquence la déportation, sur le territoire de Villenoy, de l'usine à gaz, et comme résultat, la suppression totale, pour l'octroi, du droit perçu sur les houilles employées à la confection du gaz, nous sommes à nous demander si la municipalité ne perd pas la tête de plus en plus, et de quel œil les habitants du faubourg Saint-Nicolas se verront ravir la seule usine qui donne à cette partie de la ville quelque animation, et privés ainsi des avantages dont ils jouissent depuis plus de quarante ans.

M. Modeste et la Société des eaux

Le 20 février 1863, le conseil municipal de Meaux livrait au sieur Coiret, ingénieur civil, le service des eaux à fournir à la ville, pour une période de 75 ans. Le traité fut approuvé par le préfet le 2 mars de la même année.

De l'aveu de tous les hommes compétents, ce traité est un des plus ruineux que jamais ville ait consentis. La mise à exécution datait de quinze mois à peine qu'elle soulevait, au sein de la population, des réclamations assez énergiques pour que deux membres du conseil en proposassent la revision, dans une brochure signée par eux, et dictée par les sentiments les plus honorables et les plus dévoués aux intérêts communaux.

D'abord, il ne faisait aucune part aux éventualités : 800 mètres cubes, disait le rapport, suffiront pour le service municipal, et 150 pour les abonnements industriels et particuliers. Total, par jour, 950 mètres.

L'expérience ne tarda pas à démontrer l'insuffisance de ces évaluations. Au bout de quelque temps, les demandes d'abonnement se multiplièrent au point que, pour y faire face, ce ne sont pas mille mètres cubes, mais le double que la société devrait aujourd'hui faire monter dans ses réservoirs.

L'installation actuelle du moulin des eaux de l'Échelle ne le permet pas. En tenant compte des arrêts et des réparations, de la baisse et de la crue des eaux de la Marne, des gelées, toutes circonstances qui diminuent sensiblement le travail de la machine, il est reconnu que, pendant l'été surtout, elle ne peut fournir que 800 mètres par jour.

Et les *Eaux de Montceaux*, va-t-on nous objecter! parlez-en, puisque, d'après l'une des clauses de son traité, et en cas d'insuffisance, la compagnie s'est engagée à les faire venir au moyen d'une dérivation dont toutes les conditions sont fixées par le traité.

Eh, oui! nous en parlerons, mais uniquement pour démontrer que la réalisation de cette conception malheureuse, qui a déjà coûté 48,000 francs en travaux d'essais, de tout genre, et qui, encore absorbera une somme deux fois égale, sera loin de satisfaire aux besoins, puisqu'elle ne mettra à notre service que 200 mètres et que par conséquent on se trouvera toujours en présence d'un déficit quotidien de 7 à 800 mètres cubes.

Il est donc impossible de marcher plus longtemps dans cette voie sans issue. Il ne reste qu'une chose à faire : améliorer la situation.

C'est ce qu'a fait la Société des eaux, et voici les propositions faites par elle au conseil municipal :

La dérivation des eaux de Montceaux est une charge aussi ruineuse pour les intérêts de la ville que pour les miens. D'un commun accord, effaçons cette clause du contrat.

En échange, voici ce que je vous offre :

1° L'établissement d'une machine à vapeur pouvant élever, en vingt-quatre heures, 2,800 mètres ; prise d'eau dans la Marne, en amont de la ville, au-dessus de l'embouchure du canal latéral, sur un point où la rivière est profonde, et l'eau pure et limpide ;

2° Engagement de mettre au service de la ville et des abonnés les 2,000 mètres aujourd'hui nécessaires, et d'entretenir *en tout temps*, dans les réservoirs, un excédant de 300 mètres cubes, au moins ;

3° Alimentation, *sans augmentation* de *charges pour la ville*, de *trois nouvelles bornes-fontaines* et de quinze urinoirs à écoulement continu.

Le tout moyennant une redevance annuelle de 2,700 francs par la ville qui, à la fin de la concession deviendra propriétaire de l'usine et de tout son matériel.

Dans une autre ville que la nôtre, ces propositions eussent été acceptées par acclamation. Chez nous, elles ont été, non par ajournées, comme celles de la compagnie du gaz, mais définitivement rejetées, car dans l'une de ses dernières séances, M. Modeste a fait voter au conseil municipal les crédits nécessaires pour l'amenée des eaux de Montceaux.

C'est 50,000 francs qu'il va en coûter à la caisse municipale et 60,000 à celle de la société des eaux, et cela sans autre résultat que de s'enfoncer un peu plus avant dans l'impasse où nous sommes acculés.

Habitants de Meaux, vous êtes prévenus et, malgré les 300,000 francs déjà dépensés par vos édiles, vous voilà de nouveau condamnés à manquer d'eau, périodiquement et aux époques signalées plus haut. De plus, vous continuerez à boire le produit des égouts du faubourg Saint-Nicolas, du cours Napoléon, de la rue du Grand-Cerf, de la rue du Tan, du Marché; vous verrez, sur votre table, figurer et se mêler à vos boissons, des eaux qui auront passé par les lavoirs, les couleries, les bains et arriveront dans vos réservoirs chargés des produits impurs qu'amènent, en tous temps, les déversoirs de la ville.

D'un autre côté, l'industrie continuera à subir des chômages ruineux pour elle; la culture maraîchère si importante chez nous, ira, comme précédemment, pour les arrosages, demander à ses puits et à grande perte de temps, des eaux dures et chargée de sels calcaires, lorsqu'elle pourrait en obtenir de plus convenables, de plus abondantes, et sur tout à meilleur compte.

Et un jour, en considérant cet étrange état de choses, nos enfants pourront se dire, non sans raison: à quoi donc pensaient nos pères? Placés sur les deux rives d'un cours d'eau suffisant pour leur fournir, en toute saison, ses eaux saines et fraîches, ils sont allés, à grands frais, et à huit kilomètres de là, en chercher d'autres qui ne sont ni plus potables, ni plus pures, et ce qui est encore plus étrange, ne les emploient que lorsqu'elles ont traversé la ville et se sont chargés de toutes ses immondices.

Enfin, les porteurs de titres qui ont déjà subi une réduction de 1/2 pour cent, et persistent cependant à les considérer comme valeur sérieuse, les verront diminuer de plus en plus, surtout lorsque après s'être présentés au siège de la Compagnie pour toucher le montant de leurs coupons, on les invitera, comme on l'a déjà fait deux fois, à repasser plus tard.

Ainsi l'aura voulu M. Louis Modeste, maire de la ville de Meaux, par la grâce de ses concitoyens.

Que sa sainte volonté soit faite !!

RÉSUMÉ ET CONCLUSION

Est-il maintenant nécessaire de résumer la situation, et de conclure ? Malgré notre désir d'en finir au plus tôt avec un travail déjà trop long, faisons le néanmoins, ne serait-ce que pour ceux qui n'aiment pas les longues digressions.

M. Modeste se représente à nos suffrages. Quels sont ses titres ? quels services a-t-il rendus ? Conseiller, depuis trois ans à peine, maire depuis huit mois, il a commis tant de fautes que nous pouvons regarder l'expérience comme faite et le jugement à porter sur lui comme définitif.

A peine arrivé au conseil, et l'avant-dernier, sur la liste, au premier tour de scrutin, il a commencé par concentrer sur lui seul l'attention publique et s'est mis en mesure de tout absorber. Ses premiers actes ont été la satisfaction de ses rancunes personnelles. Jusqu'alors, — mais dans ses écrits seulement, — partisan de la libre concurrence et de la vraie liberté de commerce, cet ennemi déclaré du monopole n'a pas eu honte de faire, des adjudications, des travaux communaux, des impressions et des fournitures, pour la mairie, une prime à ses partisans acquis, ou un appât offert à ceux qui consentiraient à le devenir.

Renégat de ses frères auxquels il a refusé l'obole d'une augmentation de traitement justement méritée et qui, après tout, était, plutôt une restitution pour eux, qu'une charge nouvelle pour le budget, il n'a demandé à l'instruction publique que le privilège d'exonération du service militaire, et, cet avantage une fois obtenu, sans même avoir rempli ses engagements, il s'est empressé de déserter les rangs, et d'aller servir sous d'autres drapeaux.

On sait ce que, depuis son apparition, sont devenues les séances du conseil municipal : des assemblées tumultueuses où les récriminations de toute nature, les scènes violentes, les interruptions antiparlementaires ont presque toujours primé la discussion des affaires de la commune.

Qui donc aujourd'hui aurait le triste courage de lui maintenir cette réputation d'économiste, de dresseur de budget, de maître passé en matière financière, titres par lesquels il s'est recommandé, il y a trois ans, à nos suffrages? Ses folles dépenses pour les écoles, l'emprunt pour les halles, son oubli, ou plutôt son dédain calculé pour les subventions de l'État, sa résistance insensée à toute amélioration dans le service des eaux, et dans celui de l'éclairage, sont, là, comme autant de protestations contre cette réputation usurpée.

A peine arrivé à la mairie, il a cherché à implanter chez nous des innovations inconnues jusqu'alors. On n'a pas oublié ses *commissions extra-municipales*, salariées sur le budget, mortes aussitôt que créées et qui n'ont rapporté à leur auteur que des railleries que ne lui ont pas épargnées ceux-mêmes qui étaient appelés à en bénéficier.

A-t-il du moins justifié cette prétention au titre d'honnête homme administratif et public dont il s'affuble en toute circonstance, et qu'il a inscrit dans ses ouvrages, sur ses manifestes et dans ses brochures? Il nous suffira de rappeler sa conduite équivoque à l'égard du clergé, ses promesses violées aussitôt que faites, son attitude hostile à l'égard de M. Geoffroy, sa froide cruauté envers deux de ses collègues de la mairie, les petites manœuvres souterraines, ou illégales employées par lui, constamment et partout, pour faire adopter ses idées, légitimer ses sympathies et prévaloir ses projets.

Que dirons-nous des répulsions que lui ont créées, sur tous les points, et dans toutes les administrations, son caractère hautain et son tempérament réformateur? A peine arrivé au conseil d'administration de la caisse d'épargne, dont il était membre de droit, comme conseiller municipal, il a commencé par vouloir tout modifier, mettre son estampille sur tout, même sur la composition du conseil, et n'a réussi qu'à froisser tout le monde. Mêmes prétentions aux hospices : idem pour les deux sociétés d'Agriculture et d'Horticulture. Le corps des professeurs lui est hostile ; la chambre syndicale ne peut le sentir, le clergé l'a en horreur, l'administration du chemin de fer et celle des postes en dédain. L'autorité préfectorale ne peut lui pardonner ni ses agissements ultra-administratifs, ni son despotisme au petit pied; l'inspection académique a été blessée de ses insinuations malveillantes, et de ses outrecuidantes prétentions; au ministère de l'instruction publique il a reçu une leçon dont il n'a pas su profiter.

Enfin, pour tout résumer, la population de notre

ville lui est entièrement hostile. Son inqualifiable conduite dans la question du Palais de Justice, en mettant en relief son indomptable orgueil et son caractère dominateur, a porté le dernier coup à ce qui lui restait de popularité, et son attitude équivoque dans la question des grèves, lui a aliéné l'immense majorité des ouvriers et des entrepreneurs.

Mais le reproche le plus fondé que l'on puisse faire à M. Modeste, c'est l'avilissement de l'autorité municipale entre ses mains et l'amoindrissement du prestige nécessaire à tout administrateur.

Triste chose! Lorsque autrefois on se permettait de critiquer les actes de l'administration, — car les municipalités passées n'ont pas été toujours irréprochables, — on y mettait des formes, on avait des égards. Aujourd'hui, tout cela a disparu : On traite M. Modeste avec un sans gêne insultant et... il garde le silence! Nous ne sommes pas, dit-il, à la hauteur de son mépris.

Avant lui, tous ceux qui ont eu l'honneur de nous diriger, maires ou adjoints, étaient gens bien posés dans notre ville, estimés de tous, aimés pour la plupart, indépendants par leur caractère, leur situation personnelle, ou leur fortune, et au-dessus de tout soupçon.

Avec M. Modeste sont arrivées les attaques plus ou moins fondées, sur sa personnalité douteuse, sa situation et ses actes, et qui ont pris d'autant plus d'intensité et de vraisemblance qu'il n'a jamais voulu, ou pu les relever et en faire justice. Comment, en effet, accorder de la considération à l'homme qui, porté au budget, au nombre des secourus par la commune, et par conséquent à charge aux contribuables, a osé prétendre à l'honneur de les administrer.

Comment estimer un maire qui, lorsque va s'ouvrir, en séance du conseil municipal, la discussion sur le maintien, ou la suppression du secours que lui accorde la commune, refuse avec impudeur de se récuser, et persiste même à présider la séance où est débattue cette question qui n'aurait même jamais dû se présenter.

Il s'est plaint quelque part, dans son inepte ouvrage, qu'atteint durement, et plus d'une fois, par un stupide *préjugé social,* il avait qualité pour haïr, et tenait à compter parmi les victimes. Est-ce donc notre faute si, placé par le sort, dans une situation irrégulière et ne pouvant la régulariser, il a pris en haine la société comme lui impuissante à le faire? Qu'il nomme ceux qui ont été assez lâches pour lui reprocher sa naissance! Quant à nous, nous n'en connaissons pas, et cette gratuite insulte, adressée à tous, nous autorise à lui rappeler que sa mère a pu jusqu'à sa mort, partager avec lui le logement que lui accordait la commune et que le jour où elle a été conduite à sa dernière demeure, tout ce qu'il y avait alors, dans Meaux, de mieux posé et de plus honorable, s'est fait un devoir d'assister à son convoi.

En vérité! il faut être bien aveugle pour ne pas voir là une protestation énergique contre cette injustice du sort dont il se plaint, et bien ingrat pour n'en avoir pas conservé le souvenir!

Il est temps que prenne fin cette situation anormale, désastreuse pour nos intérêts, peu honorable pour notre ville, et peut-être, sans exemple, dans tout le reste de la France.

Electeurs! il ne tient qu'à vous de la faire cesser en dégonflant ce ballon plein de vent. Le jour n'est pas éloigné où vous serez appelés à exercer, dans toute sa plénitude, votre droit de vie ou de mort, sur l'existence administrative de cet homme, né dans un jour de malheur, dont nous ne savons ni l'âge ni le lieu de naissance, et qui, depuis trois ans bientôt qu'il est au pouvoir, a fait à la République plus de mal que ses ennemis les plus acharnés.

A force de nous crier lui-même, et de nous clamer par les siens, qu'il aime la République, il n'a réussi qu'à une chose, à la déconsidérer parmi nous, et à nous faire douter de la sincérité de ses propres affirmations. Républicain de pacotille, démocrate de mauvais aloi, et prêt à se rallier à la démagogie si malheureusement les circonstances venaient à en favoriser l'expansion, croit-il nous faire aimer la République en la créant à son image, en la couronnant de fleurs nauséabondes, lui donnant pour Constitution son infect ouvrage, et lui inscrivant au front ces désespérantes paroles : Heureux qui sait haïr!!!

Eh bien! non, mille fois non, cette République-là, nous n'en voulons pas! En 93, elle nous a donné Marat, Danton, Robespierre, tous leurs séïdes, et pendant quinze mois, l'échafaud en permanence sur la place de la Révolution.

En 1848, elle a créé les ateliers nationaux, les quarante-cinq centimes, les circulaires de Ledru-Rollin, pour aboutir aux sanglantes journées de Juin, et au despotisme du second Empire.

En 1871, elle a fait naître la Commune, les incendies, les massacres dans la capitale, et la déconsidération de la France aux yeux du monde entier.

Aujourd'hui, un quatrième essai est tenté, loyal et franc; espérons qu'il sera plus heureux que ceux qui l'ont précédé; mais c'est à la condition que l'on nous donnera, pour conseillers et pour chefs, des hommes autres que celui que nous combattons et que, dans un moment d'aveugle confiance, nous a imposé le suffrage de nos concitoyens.

Un auteur a dit que l'histoire est la leçon des rois : nous ajouterons qu'elle doit être aussi celle des peuples, et que, lorsqu'il s'agit de confier le pouvoir, on ne doit le remettre qu'entre des mains honnêtes et incapables d'en abuser.

Encore un mot, et nous terminons :

Ce n'est, certes, pas nous qui jetterons la pierre au suffrage universel! De lui nous répéterons ce que l'on a dit du premier empire : il nous a fait assez de bien pour n'en pas dire de mal, et assez de mal pour n'en pas dire de bien. Jusqu'à ce que son éducation soit faite, jusqu'à ce que l'instruction l'ait assez régénéré pour qu'il nous épargne le spectacle des fautes qui nous ont coûté si cher, il faut nous résigner à attendre encore.

Mais ce que nous devons déplorer avant tout, c'est l'intervention de la politique dans les élections municipales.

En remettant aux conseils municipaux l'élection des trois quarts des membres de la Chambre haute, la

Constitution y a fatalement introduit un ferment d'agitation et des mécomptes périodiques.

Pour s'en convaincre, il suffit de jeter les yeux, non pas seulement sur ce qui se passe autour de nous, mais chez nous-mêmes, où sans crainte dêtre taxé d'exagération nous pouvons dire que nous assistons à une véritable orgie de pouvoir et de despotisme. Lorsque, dans une ville comme la nôtre, sous le prétexte apparent qu'il était le coryphée du parti démocratique, le représentant de l'idée républicaine, nn homme s'est imposé, qui, à l'heure qu'il est, domine, tranche sans opposition, sans contrôle sérieux et dispose de tout à son gré; lorsque tout ce qui se fait n'a lieu que par son consentement, et rien sans son consentement; lorsque, grâce à ses insinuations, à son indomptable persévérance, il a su conquérir parmi ses admirateurs, ou ses sectaires, assez de puissance pour les forcer à se déjuger à six mois de distance et, pendant plus d'une année, tenir en échec la conservation d'une promenade aussi importante que la place Henri IV; lorsque après une enquête régulière qu'il avait consenti, on l'a vu traiter de réaction tionnaires et de cléricaux les conservateurs de cette place; lorsque nous voyons s'incarner en lui l'administration tout entière, et par sa résistance implacable, illogique à toute modification au traité du gaz et des eaux, faire subir au commerce, à l'industrie, aux particuliers, une perte annuelle que nous n'estimons pas à moins de soixante mille francs; lorsque, agacée, fatiguée de lutter sans succès, une minorité composée d'hommes intelligents et honnêtes, se décourage, reste inactive et au lieu de faire naître les événements, se contente de les attendre, il est bien permis de se demander, non seulement comment un tel homme a pu réussir à se faire l'arbitre de nos destinées, mais comment il a conservé, jusqu'à ce jour, cette position élevée, et surtout par quelles menées ténébreuses il prétend s'y maintenir.

La question politique a joué, en 1877, un rôle incontestable dans l'élection de M. Modeste, et si, chez nous, les élections prochaines se font sur la même carte, nous ne voyons pas que le résultat puisse être sensiblement modifié, et le conseil mieux composé. Disons-le bien haut, ce ne sont pas les hommes capables qui manquent dans notre ville; ce serait nous faire injure à nous-mêmes que de supposer que dans les 2,500 électeurs et éligibles que renferme notre ville, on n'en puisse trouver vingt-trois aptes à remplir les fonctions de conseillers.

Mais de là à penser qu'il n'y a qu'à choisir, l'erreur est grande, et dussions-nous assumer sur notre tête toutes les indignations de MM. Modeste et consors, et nous voir traité par eux de réactionnaire, de clérical, nous dirons que le parti soi-disant républicain, dont il est le chef accrédité, et qui marche sous sa bannière, est pour l'heure, incapable de nous fournir ce contingent. Il faut donc qu'une transaction intervienne et mette fin à une situation qui nous fatigue et nous ruine.

Loin de nous la pensée que la question politique doive être complètement mise à l'écart, dans le renouvellement de notre conseil. En présence des tentatives de réaction faites encore, sur tant de points, sur le gouvernement que s'est donné le pays, il serait imprudent de désarmer et d'introduire dans les conseils municipaux, assez d'élements d'opposition pour, à un moment donné, créer de sérieux embarras.

Mais, quoi! une exclusion systématique n'a-t-elle pas non plus ses dangers? Combien d'hommes que leur instruction, leur indépendance complète recommandaient à notre choix, parce qu'ils auraient pu mettre, au service de la commune, une partie des loisirs que leur a faits une carrière laborieuse, et honorablement parcourue, se sont trouvés écartés, parce qu'ils refusaient d'accepter le mandat impératif que l'on prétendait leur imposer. Ce sont ces hommes qu'il serait sage, qu'il serait utile de rapatrier aujourd'hui.

Assurez d'abord à votre conseil une majorité républicaine sur laquelle vous puissiez compter au jour des élections sénatoriales. Puis, cet important résultat obtenu, ouvrez la porte aux capacités, sans regarder si leur couleur est différente de la vôtre et si, parce que vous êtes républicain de la veille, vous avez le droit de réprouver ceux qui ne le sont que d'aujourd'hui, ou qui ne l'étant, ni de la veille, ni du jour, pourront le devenir demain.

Alors vous aurez fait une bonne action, puisque d'un côté vous contribuerez à une œuvre d'apaisement, et que de l'autre vous aurez acquis le concours précieux d'hommes qui mettront au service de la chose publique leur expérience et leurs lumières.

Mais surtout que ne se renouvellent plus ces déplorables scènes dont nous sommes les témoins attristés, notamment depuis l'arrivée au Conseil de l'homme que nous combattons. Rappelez-vous que son maintien aurait pour conséquence de les renouveler et de les perpétuer. Que le passé soit une leçon pour l'avenir. Et il le sera, sans aucun doute, si après avoir renversé du pouvoir le despote et ses licteurs, vous inscrivez, sur les portes d'entrée, et dans la salle même des séances du conseil, cette impérative recommandation : Ici, l'on ne s'occupe pas de politique ; le temps des séances est exclusivement consacré à la discussion des affaires de la commune.

Ici s'arrête la seconde et dernière partie de la tâche que nous nous étions imposée. Notre intention était de ne la rendre publique que le jour de l'ouverture de la période électorale, époque à laquelle est à peu près complète la liberté de tout dire et de tout écrire sur le compte d'un candidat.

Mais nous avons pensé que cette manière d'agir, quoique correcte et légale, n'était pas d'un adversaire généreux, et avant tout, nous tenons à l'être. Nous n'avons qu'une médiocre estime pour ce qu'en termes électoral, on appelle le coup de la fin.

Si M. Modeste veut répondre, il lui reste plus de temps qu'il ne lui en faut pour le faire complètement et victorieusement ; ce serait faire injure à l'homme des manifestes, des circulaires et des brochures que de supposer que nous ne lui laissons pas le temps suffisant pour se préparer, écrire, et porter la conviction dans tous les esprits. Qu'il use largement des deux mois qui restent à sa disposition pour préparer sa défense, en vue des réunions électorales.

Car de deux choses l'une : ou M. Modeste sera maintenu par le suffrage universel, ou renversé par lui. S'il reste, nous dirons à nos concitoyens : voilà votre maître! à lui de commander maintenant ; à vous d'obéir! Et, comme autrefois dans Rome, la volonté du dictateur continuera à primer la vôtre et deviendra la loi suprême.

Si, au contraire, il est renversé, vous reprendrez votre initiative, abandonnée par vous, dans un jour d'aveugle confiance, et foulée aux pieds par lui, depuis bientôt trois ans.

Pour nous, satisfait d'avoir contribué à ce dernier resultat, dans la mesure de nos faibles forces, nous en trouverons la récompense en nous-mêmes, et désormais libre de toute préoccupation politique et administrative, nous demanderons à l'obscurité, le dédommagement d'une vie bien remplie et la tardive jouissance d'un repos bien mérité.

Meaux, le 15 *septembre* 1880.

Julien FISTON.
Professeur en retraite et Officier d'Instruction publique.

TABLE DES MATIÈRES

F. Aureau. — Imprimerie de Lagny.

10

www.ingramcontent.com/pod-product-compliance
Ingram Content Group UK Ltd.
Pitfield, Milton Keynes, MK11 3LW, UK
UKHW021557260726
13993UKWH00002B/890